Inhalt

15 Tagestouren in den schönsten Regionen in und um München

Auftakt	1	**Anhang**	136
Kartenübersicht	1	Reiseinformationen	136
Inhalt	2	Zentrale Informationsstellen	136
Tourenübersicht	4	Orte/Tourismusbüros	137
Vorwort	6	MVV-Schnellbahnnetz	138
Autoren-Highlights	8	Übernachtungsverzeichnis	140
Das Gebiet	10	**Register**	142
Touren 01 – 15	14–135	Impressum	143

Kartenlegende siehe vordere und hintere Umschlaginnenseiten.

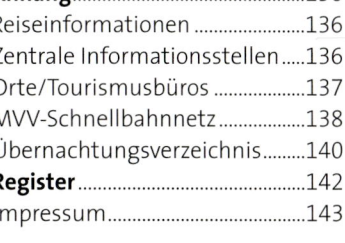

Starnberg: Promenade am Bahnhof.

TOURENÜBERSICHT

Tour	Seite	Schwierigkeitsgrad	Dauer (in Std.)	Länge (in km)	Höhenmeter Auffahrt	Höhenmeter Abfahrt	Parkplatz	Öffentliche Verkehrsmittel	Einkehr	Übernachtungsmöglichkeit	Kinderfreundlich	Kulturelle Highlights	Bademöglichkeit	Rundtour	Rennradtauglich	Autoren-Highlight
01 Neufahrn – Kranzberg – Freising – Neufahrn Nach Freising, eine der ältesten Städte Oberbayerns	14	●	2:30	41	124	124	✓	S1	✓	✓	✓	✓	✓	✓	–	✓
02 Lohhof – Neufahrn – Fahrenzhausen – Lohhof Von der Schotterebene in das Tal der Amper	22	●	3:00	41	63	63	✓	S1	✓	✓	✓	✓	✓	✓	–	✓
03 Feldmoching – Dachau – Oberschleißheim – Feldmoching An der Regattaanlage der Olympischen Spiele von 1972	30	●	2:30	36	25	25	✓	S1	✓	✓	✓	✓	✓	✓	–	✓
04 Markt Schwaben – Forsthaus Diana – Markt Schwaben Durch den Ebersberger Forst	36	●	2:45	41	57	57	✓	S2	✓	✓	✓	✓	✓	✓	–	✓
05 Altenerding – Oberneuching – Altenerding Durch das Tal der Sempt zum Erdinger Moos	44	●	2:30	36	40	40	✓	S2	✓	✓	✓	✓	✓	✓	–	✓
06 Fürstenfeldbruck – Weßling – Fürstenfeldbruck Bruck, die Zollstätte an der Amper	50	●	2:30	34	116	116	✓	S4	✓	✓	✓	✓	✓	✓	–	✓
07 Eglharting – Glonn – Aying – Eglharting Durch die Täler auf die Höhen	56	●	3:00	41	214	214	✓	S4	✓	✓	✓	✓	✓	✓	–	✓
08 Kirchseeon – Unterelkofen – Egglburger See – Kirchseeon Im alten „Holzland", wo die Kohlenmeiler rauchten	64	●	2:30	36	158	158	✓	S4	✓	✓	✓	✓	✓	✓	–	✓

#	Route	Page		Zeit					S-Bahn								
09	**Sauerlach – Otterfing – Aying – Sauerlach** Der Hofoldinger Forst, ein Bannwald	70	●	2:30	41	80	80	✓	S3	✓	✓	✓	✓	–	✓	–	✓
10	**Starnberg – Gräfelfing – Dachau** Von Schloss zu Schloss entlang der Würm	78	●	3:00	37	83	187	✓	S6	✓	✓	✓	✓	–	–	–	✓
11	**Hohenbrunn – Grasbrunn – Dürrnhaar – Hohenbrunn** Durch den Höhenkirchener Forst	92	●	2:30	34	55	55	✓	S7	✓	✓	✓	✓	✓	✓	✓	✓
12	**Wolfratshausen – Grünwald – München** Auf den Spuren der Flößer	98	●	2:30	37	82	144	✓	S7	✓	✓	✓	✓	✓	✓	✓	✓
13	**Olching – Dachau – Fahrenzhausen – Eching** Auf dem Ammer-Amper-Radweg durch das Tal der Amper	112	●	2:45	38	44	82	✓	S3	✓	✓	✓	✓	–	✓	–	✓
14	**Olching – Überacker – Puchschlagen – Olching** Rund ums Bergkirchener Moos	120	●	2:45	38	66	66	✓	S3	✓	✓	✓	✓	✓	✓	–	✓
15	**Unterföhring – Speichersee – Unterföhring** An der Wiege der Bayerischen Landvermessung	128	●	2:45	39	31	31	✓	S8	✓	✓	✓	✓	✓	✓	–	✓

✓ Ja – Nein (✓) Bedingt

Vorwort

Faszination radeln.
Radfahren in München ist
Sport und Lebensart.

Auftakt

München, die Landeshauptstadt des Freistaates Bayern, liegt im schönen Oberbayern. Sie ist das Wirtschaftszentrum Bayerns und bietet mit seinen international bedeutenden Museen, Kirchen und historischen Gebäuden den kulturellen Background für eine einzigartige Lebensart. Mitten durch die Stadt fließt die „wilde" Isar.

Münchner genießen die vielen Sonnenstunden in den Biergärten, auf den Griesbänken der Isar, an den vielen Badeseen, den stadtnahen Erholungsgebieten und in den schönen Landschaften rund um die Stadt.

Das sternförmige S-Bahnnetz bringt Sie schnell mit dem Rad zu den Ausgangspunkten der Radtouren. Ob ins Tal der Würm, nach Fürstenfeldbruck, Dachau, Freising, Erding, Ebersberg oder Starnberg: Überall finden Sie einen S-Bahnhof, einen P+R Parkplatz und gemütliche Gasthöfe.

Die von den Eismassen der Eiszeit geschaffene Schotterebene, auf der München liegt, eignet sich ideal für Radausflüge. Das Radwegenetz in und um München ist eines der besten in Deutschland: Die Beschilderung wie auch die Wegbeschaffenheit sind vorbildlich, die Lage der Radtouren einzigartig. München wird als die heimliche Radlhauptstadt Deutschlands betitelt. Rund 1200 km Radwege gibt es in der fahrradfreundlichen Metropole Bayerns.

Ich habe für Sie die schönsten herausgesucht.

Viel Spaß. Auf geht's.

Ralf Enke

Geboren und aufgewachsen sowie Studium der Kartographie in Berlin. Anschließend führte mich meine erste Arbeitsstelle ins Schwäbische nach Stuttgart. Nach 20 Jahren siedelte ich nach München um und machte mich selbstständig. Seit nun mehr vielen Jahren bin ich im Verlagsbereich tätig, habe viele Wander- und Radkarten hergestellt und bin Autor mehrerer Fahrradführer.

Ralf Enke:
Meine persönlichen Highlights

Tradition und Moderne, Natur und Technik, Erholung und Gastfreundschaft "erfahren" wir auf unseren Radtouren rund um München.

⭐ Hoch oben über **Freising** steht der Dom auf dem **Domberg**. Aus der romantischen Altstadt führt uns der Weg hinauf und gewährt uns einen fantastischen Blick über das Isartal und hinüber nach Weihenstephan. ▶ **Tour 01, Seite 20**

⭐ Die Floßfahrten nach München beginnen in **Wolfratshausen**. Es ist schon ein tolles Schauspiel, zuzusehen, wie die Flöße ablegen und die letzten Meter auf der Loisach fahren, bevor sie die Isar erreichen. So eine Floßfahrt ist ein feucht-fröhliches Erlebnis. ▶ **Tour 12, Seite 108**

⭐ Wir stellen unser Rad ab und genießen das Flair des Viktualienmarktes in der wunderschönen **Münchner Altstadt**. Zwischen den Düften von frischem Käse, Gewürzen und Wein, der Farbenpracht der Blumen sowie von Obst und Gemüse schlendern wir über den Markt und verweilen an den Ständen, die knackig frisches Essen und Getränke anbieten. ▶ **Tour 12, Seite 108**

⭐ Zum **Schloss in Dachau** müssen wir durch die romantische Altstadt radeln, hinauf auf den Schlossberg. Von der Terrasse des Cafés haben Sie einen fantastischen Blick bis zu den Alpen. Wohl auch deswegen und nicht nur wegen der Landschaft des Moores kamen die Landschaftsmaler nach Dachau. ▶ **Tour 03, 10, 13, Seite 90**

⭐ Die Uferpromenade am **Starnberger See** liegt prächtig in der Sonne. Hier flanieren die Starnberger und die Ausflügler, genießen ein Eis aus der Hand oder sitzen im legendären Café Restaurant Undosa. Die Ausflugsschiffe der Bayerischen Seenschifffahrt legen hier an. ▶ **Tour 10, Seite 90**

⭐ Nicht nur der Münchner Hofgesellschaft gefiel das Schloss **Oberschleißheim**. Das Ensemble aus Altem Schloss mit Schlosshof, Neuem Schloss, Hofgarten und Schloss Lustheim ist ein Highlight besonderer Art. Im Schloss Lustheim befindet sich die Meißener-Porzellansammlung. Im Neuen Schloss finden im Sommer Konzertveranstaltungen statt. ▶ **Tour 03, Seite 35**

⭐ Romantisch liegt die **Burg Elkofen** versteckt und daher gut erhalten im Wald südlich von Grafing. Die Schlossgaststätte mit Biergarten lädt zur Rast ein, die Kinder können auf dem Spielplatz toben. Der Innenhof der Burg kann besichtigt werden. ▶ **Tour 08, Seite 69**

⭐ Wer den Innenhof des **Klosters Fürstenfeld** durch den Torbogen am Café betritt, steht auf einmal vor einer imposanten Klosterkirche. Den Innenraum der Marienkirche sollten Sie sich unbedingt anschauen. Die ehemaligen Wirtschaftsgebäude des Klosters werden heute als Kulturzentrum genutzt. ▶ **Tour 06, Seite 55**

Beachten Sie die vom Autor empfohlenen und mit 🍽 markierten Einkehrtipps.

Das Gebiet

Flüsse, Seen, Wälder und ein Hügelland bilden die Kulisse unserer Radtouren.

Ein paar Worte zur Landschaft, ihre Entstehung und Geschichte.

München und seine reizvolle wie auch interessante Umgebung bietet dem, der mit dem Rad unterwegs ist, abwechslungsreiche Eindrücke. Im Norden breiten sich die Moose über die Schotterebene aus, die östlich und westlich vom Hügelland der Endmoränen gerahmt werden. Die eiszeitlichen Schmelzwasserströme von Amper, Würm, Loisach und Isar führten ihr Wasser Richtung Norden und schütteten eine Hochterrasse aus Schotter flächenhaft auf. Fichtenwälder, Ackerland und Wiesenmoore prägen das Dachauer und das Erdinger Moos. Das südlich an München grenzende Hügelland wird durch die Gletscherzungenbecken von Ammersee, Starnberger See und dem Wolfratshauser Becken unterbrochen. Die teilweise bewaldeten Hügel stehen im Wechsel mit der Grünlandwirtschaft.

Die Schotterebene zwischen München und Freising, Dachau und Erding ist so ganz eben aber doch nicht, der Höhenunterschied reicht immerhin von 500 bis 570 m. Es radelt sich hier aber bedeutend leichter als im Hügelland. Schon größere Höhen müssen im Hügelland, das sich von Altomünster im Westen über Holzkirchen im Süden nach Markt Schwaben im Osten zieht, überwunden werden. Wie ein Hufeisen schließt es München und die Moose ein.

Schon die Reichenhaller Salzlieferanten fuhren ihre Fracht lieber auf ebenen Straßen und mieden das Hügelland. Auf dem Weg nach Augsburg und Würzburg nutzten sie daher die Salzstraße durch die Moose und die Isarbrücke bei Oberföhring. Das freute die Bischöfe von Freising, die Brückenzoll auf die Waren erhoben und den Freisinger Bischofssitz und Hochstift, ein Staat im bayerischen Staat, zur Blütezeit brachten. Dies ärgerte wiederum den weltlichen Herrscher Heinrich den Löwen so sehr, dass er die Brücke zerstören ließ und den Isarübergang nach München verlegte. Wohl aus gutem Grunde musste er München nun befestigen und so drücken die Isar und die Handelsstraßen dem Grundriss Münchens bis heute ihren Stempel auf.

München kam Dank der günstigen Lage an den Handelsstraßen von Nord nach Süd und von Ost nach West zu Wohlstand. Die Herzöge von Bayern suchten Erholung und ihren Spaß unter anderem in Oberschleißheim. Ende des 17. Jahrhunderts ließ Kurfürst Max Emanuel hier das Neue Schloss errichten. Das Material für den Schlossbau wurde auf dem neu angelegten und weit verzweigten Kanalsystem zwischen Amper, Würm und Isar transportiert. Zudem konnte der im Moos gestochene Torf – ein gutes Heizmaterial – über die Isar bis nach München geschifft werden. Auch Dachau an der Amper, eine im Schutz der Burg des Grafen von Scheyern entstandene Kaufmanns- und Handwerkersiedlung, profitierte vom Bau des Kanalsystems und vom Umbau der Burg zum Renaissanceschloss und zur Barockresidenz Max Emanuels. Im Laufe der letzten 200 Jahre veränderte sich das Moos. Der Siedlungsdruck ins Münchener Umland ließ die wenigen Einzelgehöfte wie die Waldschwaige, Rothschwaige oder Moosschwaige unbedeutender werden; der Kiesabbau für den Autobahnbau führte zur weiteren Trockenlegung der Moose. Dafür setzten die dabei entstandenen Seen neue attraktive Akzente in die Landschaft.

Das Dachauer Moos

Nördlich von München erstreckt sich zwischen Fürstenfeldbruck und Freising das Dachauer Moos. Streuwiesen, Kiefernwälder und Bruchwälder durchsetzt mit Auen und kleinen Seen, so präsentiert sich das Moos. Ursprünglich war die Landschaft für die Landwirtschaft nicht geeignet. Durch neue Anbaumethoden konnte diese im 20. Jahrhundert erheblich intensiviert werden. Das Moos entstand, als sich die Gletscher zurückzogen und die Schmelzwasser zunahmen. Der Hügelgürtel nördlich der Münchner Schotterebene verhinderte ein schnelles Abfließen des Schmelzwassers, das dann als Grundwasser austrat. So entstanden viele bayerische Moose. Zur Entwässerung des Dachauer Mooses wurde ab dem 17. Jahrhundert ein Kanalsystem geschaffen, das die Schlösser Nymphenburg, Schleißheim und Dachau miteinander verbindet. Der Ausbau des Kanalsystems wurde von Kurfürst Max Emanuel unterstützt. Es diente als Transportweg für Baumaterialien und Lasten, aber auch als Wasserstraße für die Gondeln der barocken Gesellschaft. Die Kanäle lieferten vor allem aber das Wasser für Mühlen, Parks und Brunnenanlagen.

Altes Schloss Oberschleißheim.

An den Mühlseen: Erfrischung am und im Wasser.

Tour 01 > Neufahrn – Kranzberg – Freising – Neufahrn

Tour 01

Neufahrn – Kranzberg – Freising – Neufahrn
Nach Freising, eine der ältesten Städte Oberbayerns

41 km | 2:30 Std. | 124 hm | 124 hm

GPS-Koordinaten / Start
UTM | x: 697.220 m
Zone 32 | y: 5.355.390 m

Startort:	Neufahrn
Start/Ziel:	S-Bahnhof Neufahrn, S1 (462 m)
Charakter:	Die Radtour führt uns auf den Bergrücken nach Hörenzhausen, hinunter ins Tal der Amper und nach Kranzberg. Hier geht es steil hinauf in den Kranzberger Forst und hinunter ins Isartal. Die Wege im Isartal und im Kranzberger Forst haben losen Untergrund
Verkehr:	Mit Autoverkehr muss man in Neufahrn, Kranzberg und Freising rechnen, ansonsten gibt es kaum Verkehr

Tipp: Zum Landesarboretum im Kranzberger Forst sollten Sie unbedingt abbiegen. Hier stehen an die 200 Baumarten aus aller Welt.

Ausflugsziele / Sehenswürdigkeiten & Einkehrtipps siehe S. 20/21

Übersicht

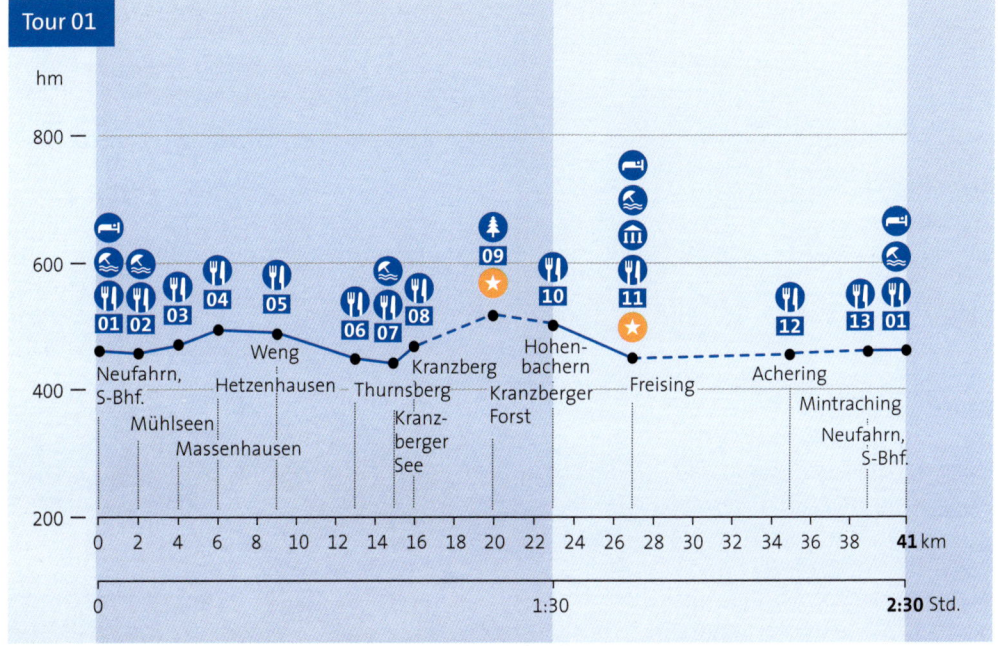

Neufahrn – Hohenbachern / 23 km / 1:30 Std.

Start Am S-Bahnhof **Neufahrn** 01 🍴🏊🚆 gehen wir durch die Bahnhofsunterführung zur „Massenhauser Straße", radeln über den „Kurt-Kittel-Ring" und auf der Fußgängerbrücke über die Autobahn zu den **Mühlseen** 02 🍴🏊. Der Weg führt zwischen den Seen über die Straße „An den Mühlseen". Hier halten wir uns links, dann queren wir die Straße und stoßen auf die „Neufahrner Straße" am Gehöft. Wir überqueren sie und radeln rechts auf dem Feldweg durch den Hof nach **Massenhausen** 03 🍴. Wir stoßen auf die „Fürholzer Straße" und setzen gegenüber im „Mühlweg" die Radtour fort. Auf dem „Mühlweg" gelangen wir zur „Obere Hauptstraße" am Ortsausgang, fahren kurz links und nehmen den ersten Feldweg wieder links nach **Hetzenhausen** 04 🍴. Von der Straße „Am Grasgarten" gelangen wir zur „Hauptstraße". Wir biegen rechts ab, bis links der Weg „Am Winkelfeld" abzweigt. Wir fol-

gen ihm über die Autobahn zur Kreisstraße. Gegenüber geht es hinauf zur **Kirche St. Georg**, dann bergab nach **Weng** 05 🍴. An der Ortsdurchfahrt biegen wir rechts ab und nehmen die Straße vor der Autobahn nach **Thurnsberg** 06 🍴. An der Amperbrücke radeln wir links über die Amper und den Werkkanal und nehmen den Weg rechts entlang des Werkkanals an Thurnsberg vorbei. Wir stoßen auf die Kreisstraße nach

Seehaus am Kranzberger See.

Kranzberg und folgen ihr rechts durch **Hagenau** an den **Kranzberger See** 07 🍴 🏊. Zum See geht es über die Parkplätze. Am Ufer halten wir uns links, erreichen die Straße nach **Kranzberg** 08 🍴 und folgen ihr über die Amperbrücke bis zur „Kirchbergstraße". Ihr folgen wir rechts den Berg hinauf bis zur „Hohenbachernstraße". Auf ihr radeln wir rechts in den ⭐ **Kranzberger Forst** 09 🚶 und halten uns geradeaus hinunter nach **Hohenbachern** 10 🍴.

Hohenbachern – Neufahrn / 18 km / 1:00 Std.

In Hohenbachern bleiben wir auf der „Ortsstraße" und fahren nach **Vötting** und dort an der Schule vorbei zur „Griesfeldstraße". Wir biegen rechts ab, hinunter an die „Giggenhauser Straße". Wir halten uns links und fahren nach der Kurve rechts in den „Mühlenweg" zur Moosach in ⭐ **Freising** 11 🍴 🚂 🏊 🚌. Wir bleiben auf dieser Bachseite und radeln auf dem schmalen Weg

unterhalb von **Weihenstephan** an der Moosach entlang zum „Veitsmüllerweg". Nach links erreichen wir die „Vöttinger Straße". Hier rechts und über die Kreuzung, gelangen wir über die „Obere Hauptstraße" in die **Altstadt von Freising** und folgen ihr bis zur „Bahnhofstraße". Diese zweigt rechts ab und bringt uns zum **Bahnhof Freising**. Wir gehen unter den Bahnsteigen hindurch zur Isar-Seite des Bahnhofs und radeln links über den P+R-Platz bis kurz vor die Isarbrücke, der „Erdinger Straße". Am Radweg auf dem Isardamm fahren wir rechts auf dem Isar-Radweg Richtung München, an **Achering** 12 🍴 vorbei, unter der Autobahn hindurch bis **Mintraching** 13 🍴. Hier radeln wir nach rechts den „Isarweg" hinauf und fahren über die B 11 nach Mintraching hinein. Auf der Ortsdurchfahrt in Richtung Neufahrn gelangen wir am Sportpark in den „Galgenbachweg", der uns weiter zur „Bahnhofstraße" führt. Hier rechts und wir sehen bereits den S-Bahnhof **Neufahrn** 01 🍴 🏊 🚂 wieder **Ziel**.

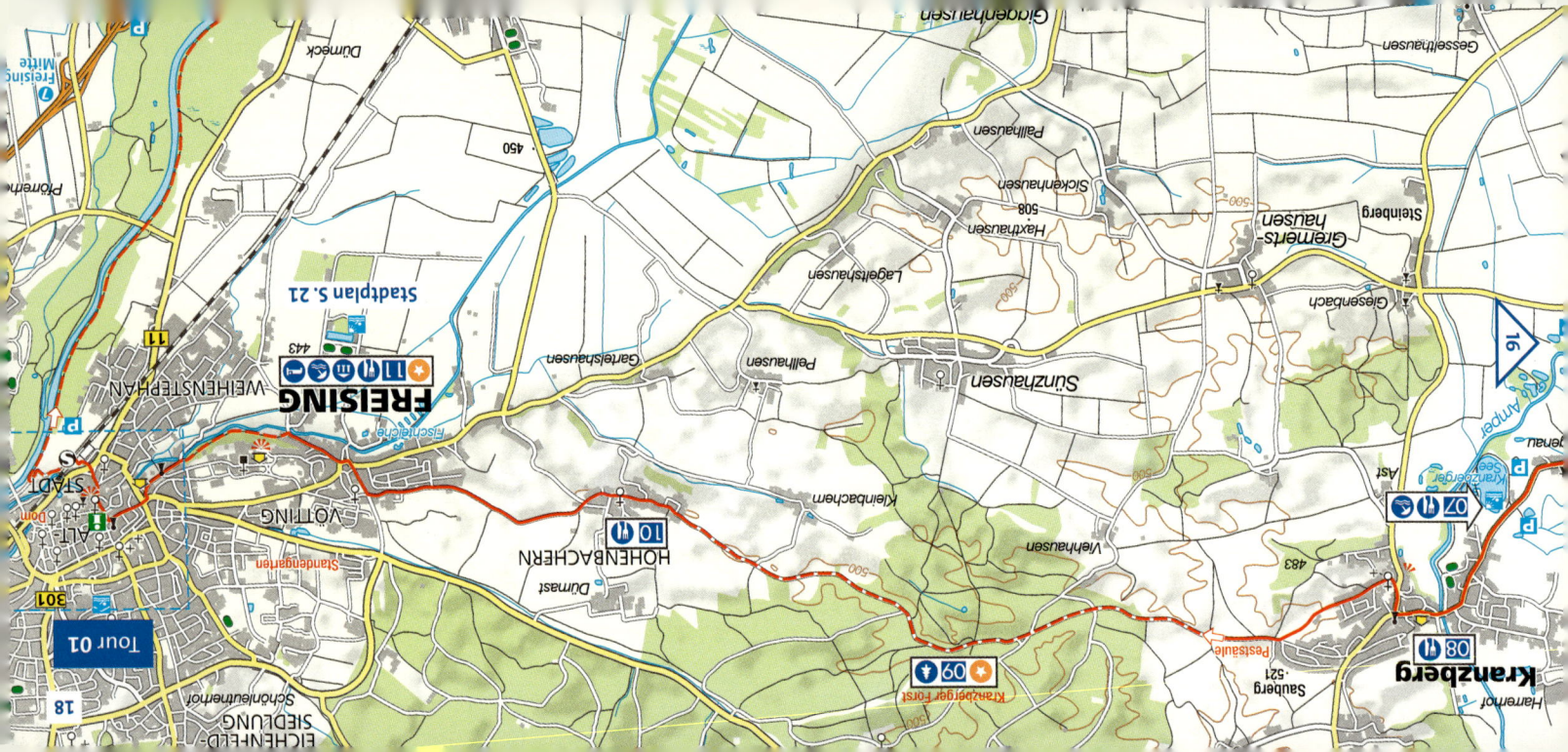

Der Amperkanal bei Thurnsberg.

Tour 01 > Neufahrn – Kranzberg – Freising – Neufahrn

AUSFLUGSZIELE / SEHENSWÜRDIGKEITEN & EINKEHRTIPPS

⭐ **Freising**

Um 700 n. Chr. besaßen die Agilolfinger Herzöge ein altbayerisches Herzogtum mit den Hauptorten Regensburg, Passau, Salzburg und Freising. Wie auch in den anderen Hauptorten errichteten sie in Freising eine Pfalz. Der fränkische Wanderbischof Korbinian wurde nach Freising gerufen und später zum Stadt- und Bistumspatron gewählt. Die Legende besagt, dass der Missionar auf seiner Reise nach Rom mitten in der Nacht in den Bergen von einem Bären überfallen wurde, der sein Pferd fraß. An dessen Stelle musste nun der Bär das Gepäck nach Rom tragen. Dort angekommen, entließ ihn der Heilige wieder in die Wildnis. So erklärt sich der bepackte Bär im Stadtwappen der Stadt. Der Heilige Bonifatius gründete 739 das Bistum Freising und die Stadt wurde Bischofsstadt. 996 verlieh Kaiser Otto I. Freising das Stadtrecht. Die „bürgerliche" Siedlung am Fuße des Domberges wurde in der Urkunde erstmals erwähnt. Bischof Otto von Freising lenkte danach die Geschicke des Bistums und wird als die bedeutendste Gestalt unter den Bischöfen bezeichnet. Auf das Sterbejahr von Bischof Otto (1158) wird auch die Gründung Münchens datiert. Der Nachbarort entstand zunächst einmal in Abhängigkeit von Freising. Um 1300 herrschten die Bischöfe über Besitzungen in Österreich und Slowenien. Im Zuge der Säkularisierung 1803 wurde der weltliche Besitz des Bistums Kurbayern einverleibt. Stifte und Klöster wurden aufgelöst und der Bischofssitz 1821 nach München verlegt und zum Erzbistum „München und Freising" erhoben.

Der Domberg in Freising.

🔵 **Weihenstephan** auf dem Weihenstephaner Berg ist heute ein Wissenschaftszentrum der Technischen Universität München. Hier hat die TU München die „Life and Food Sciences" gebündelt, um zukünftige Lösungen für existenzielle Herausforderungen wie Welternährung, Rohstoffmangel und Klimawechsel zu finden. Vor rund 1000 Jahren soll hier der Heilige Korbinian auf dem Weihenstephaner Berg ein Brünnlein geschlagen haben, aus dem heute noch Wasser fließt, und eine Benediktinerabtei gegründet haben, die dem Heiligen Stephanus geweiht war. Wie anderswo auch haben die Mönche von Weihenstephan Bier gebraut. Die Weihenstephaner Brauerei soll die älteste der Welt sein.

🔵 Der **Domberg** – Mons doctus – überragt die Stadt. Die imposante Silhouette kündet von der einstigen Bedeutung der geistlichen Residenzstadt Freising bis zur Säkularisierung 1802. Hier lag das Regierungszentrum des Bistums Freising wie auch des Hochstiftes Freising, also des weltlichen Fürstenstaates. Das Hochstift hatte Besitzungen in Bayern, Österreich, Krain, Tirol und der Steiermark.

🔵 Im **Diözesanmuseum** auf dem Domberg, das die größte kirchliche Kunstsammlung Deutschlands birgt, kann man Freisings Bedeutung im Laufe der Jahrhunderte nachvollziehen.

🏛 **Die Häuser der Altstadt um den Marienplatz** mit ihren Rokokofassaden zeugen von Wohlstand und Besitz. Die Mariensäule aus rotem Marmor ist Mittelpunkt des Platzes. Die erste Erwähnung eines **Rathauses** geht auf das Jahr 1468 zurück. Der Neubau mit der heutigen Fassade wurde 1905 abgeschlossen. Neben dem Rathaus steht die **Stadtpfarrkirche St. Georg** aus dem 15. Jahrhundert mit ihrem barocken Turm. Gegenüber befindet sich das Asamgebäude, die ehemalige kirchliche Hochschule.

....

🟠 **Landesarboretum im Kranzberger Forst** 09 ♿
Der „Weltwald" vor der Haustür: Auf einer Fläche von ca. 80 ha entsteht im Kranzberger Forst bei Freising eine Sammlung von Baumarten aus aller Welt. Seit den ersten Pflanzungen 1987 sind inzwischen an die 200 Baumarten gepflanzt worden.

Tourismusinformation siehe ab S. 137
Übernachtungsverzeichnis siehe ab S. 140

Tour 01 > Neufahrn – Kranzberg – Freising – Neufahrn

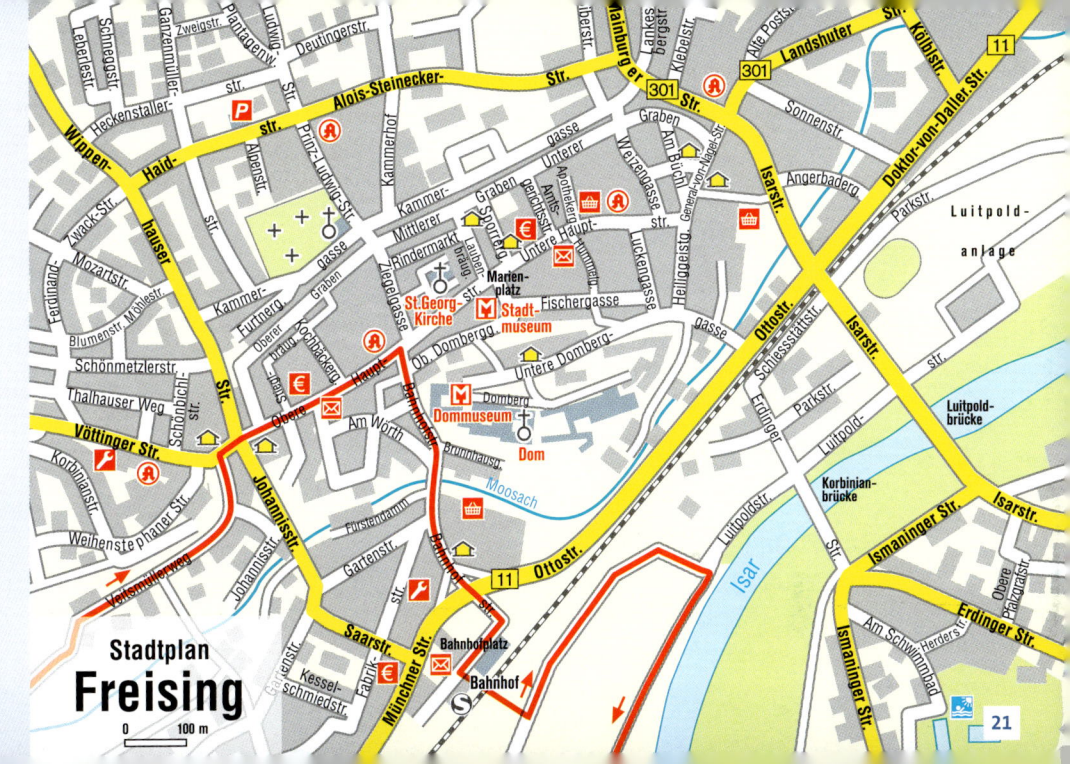

Stadtplan **Freising**

Tour 02 > Lohhof –Neufahrn – Fahrenzhausen – Lohhof

Tour 02
Lohhof – Neufahrn – Fahrenzhausen – Lohhof
Von der Schotterebene in das Tal der Amper

41 km   3:00 Std.   63 hm   63 hm

GPS-Koordinaten / Start
UTM   x: 691.450 m
Zone 32   y: 5.351.580 m

Startort:	Unterschleißheim-Lohhof
Start/Ziel:	S-Bahnhof Lohhof, S1 (472 m)
Charakter:	Zwischen der Moosach und der Amper liegt ein Bergrücken, den wir ab Neufahrn bis Weng bewältigen müssen. Sonst führt uns die Radtour durch das Tal der Amper auf Wegen mit losem Untergrund und asphaltierten Nebenstraßen
Verkehr:	Mit Autoverkehr ist in Unterschleißheim, in Fahrenzhausen und um Haimhausen zu rechnen

Tipp: Wer den Unterschleißheimer See erreicht hat, kann im erfrischenden klaren Wasser des Kiessees baden und im Biergarten beim Seewirt einkehren.

Ausflugsziele / Sehenswürdigkeiten & Einkehrtipps siehe S. 29

Übersicht

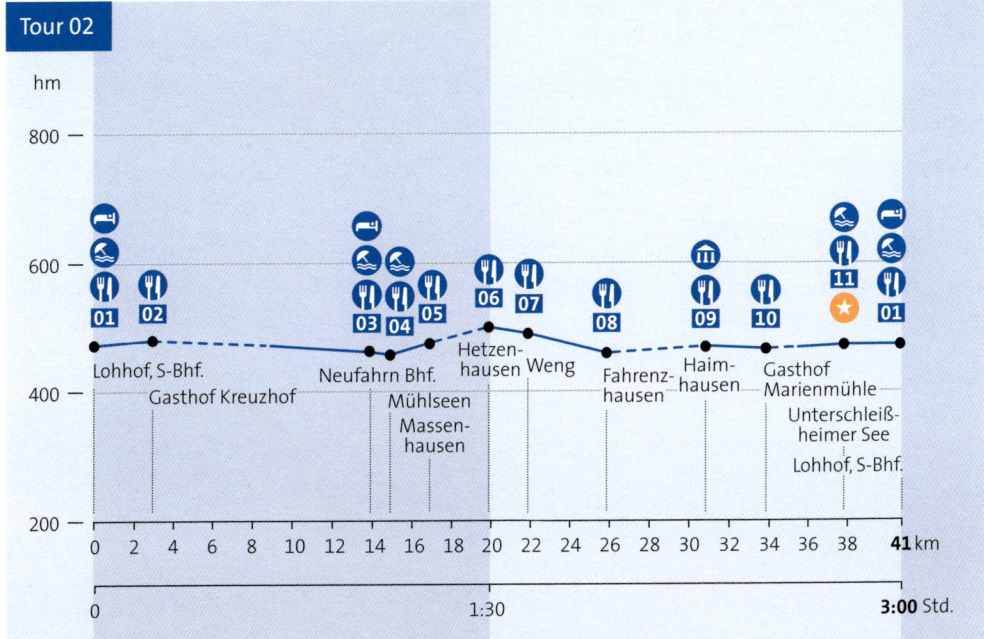

Lohhof – Hetzenhausen / 20 km / 1:30 Std.

Start Wir starten in Unterschleißheim am **S-Bahnhof Lohhof** 01 und radeln auf der „Südlichen Ingolstädter Straße" über den Kreisverkehr zum „Münchner Ring". Hier biegen wir links ab zur B 13 und überqueren diese. Nun radeln wir rechts auf dem Radweg nach Kreuzstraße. Gegenüber liegt der **Gasthof Kreuzhof** 02. Nach der Ampel halten wir uns links zum Weg über die Bahngleise, radeln an der **Mallertshofer Kirche** vorbei über die Heidefläche des Mallertshofer Holz bis zur Straße Eching – Garching. Hier biegen wir links und nach wenigen Metern rechts ab über die **Autobahnbrücke** Richtung Dietersheim.

Wir fahren geradeaus, bis wir einen Weg erreichen, dem wir weiter links zum **Settelehof** an der Straße nach Dietersheim folgen. Wir radeln gegenüber weiter nach **Neufahrn**. Vor dem Ort bie-

24

gen wir rechts ab und stoßen auf die „Dietersheimer Straße". Wir fahren links, am Gasthof Gumberger vorbei, über die „Echinger Straße" zum **S-Bahnhof Neufahrn** `03` 🍴🏊🚲. Hier gehen wir auf die andere Seite des Bahnhofs und setzen unsere Radtour in der „Massenhauser Straße" fort,

Gasthof Kreuzhof.

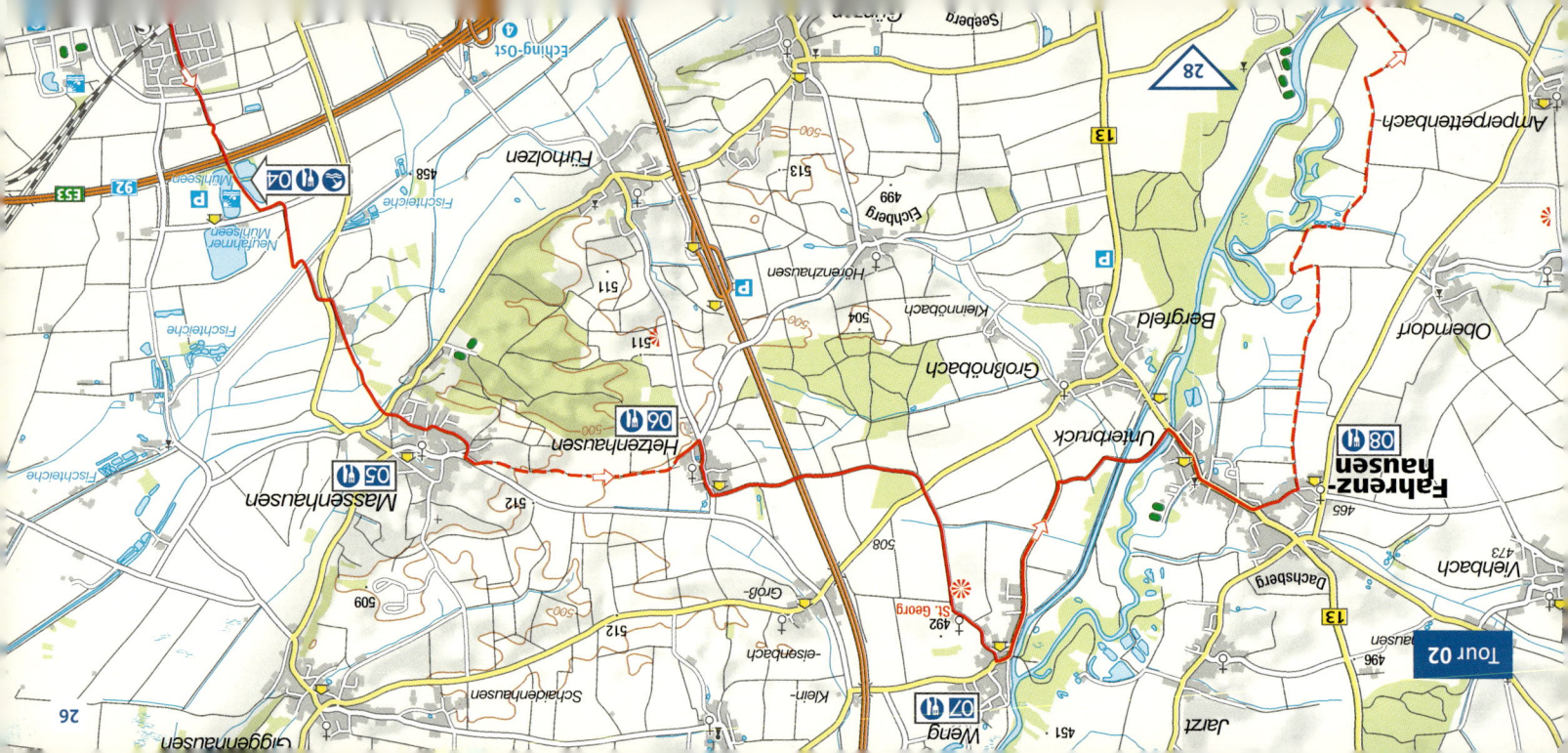

über die Autobahn geht es zu den erfrischenden **Mühlseen** 04 🍴 🏊.

Wir radeln zwischen den Seen hindurch zu den Parkplätzen. An der Straße kurz links, dann rechts über die Straße auf den Weg Richtung Massenhausen. An der Staatsstraße fahren wir hinüber und rechts durch das Gehöft nach **Massenhausen** 05 🍴. Hier queren wir die „Fürholzer Straße" und radeln gegenüber im „Mühlweg" durch den Ort bis zur „Obere Hauptstraße". Wir biegen links ab und gleich wieder links auf den Feldweg nach **Hetzenhausen** 06 🍴 hinein.

Hetzenhausen – Lohhof / 21 km / 1:30 Std.

Von der Straße „Am Grasgarten" biegen wir rechts ab in die „Hauptstraße", radeln durch den Ort bis zur Straße „Am Winkelfeld". Wir biegen links ein, radeln über die **Autobahn** zur Kreisstraße. Gegenüber geht es hinauf zur Kirche St. Georg und dann hinunter nach **Weng** 07 🍴 und links zur Amper. Auf der „Fraunbergstraße" fahren wir Richtung Großnöbach, biegen aber am Wegekreuz rechts ab und gelangen über den **Werkkanal** an das Ufer der Amper und zur Bundesstraße bei **Unterbruck**. Hier halten wir uns rechts nach **Fahrenzhausen** 08 🍴 hinein. An der „Dorfstraße" biegen wir links ein und kommen nach etwa

Gasthof Hofmeier in Hetzenhausen.

Tour 02 > Lohhof –Neufahrn – Fahrenzhausen – Lohhof

300 m wieder links auf den Ammer-Amper-Radweg Richtung Haimhausen. Wir erreichen **Haimhausen 09** an der Straßenbrücke über die Amper und radeln bergauf in den Ort. Oben halten wir uns rechts nach Dachau und radeln nun auf der Staatsstraße entlang der Amper nach **Ottershausen**. Kurz vor dem Ortsende von Ottershausen biegen wir links ab in die „Mühlenstraße" zur Marienmühle. Wir radeln am **Gasthaus Marienmühle 10** vorbei und biegen rechts ab Richtung Riedmoos. Wir erreichen eine Querstraße und halten uns links zum ⭐ **Unterschleißheimer See 11**. An den Parkplätzen vor dem See biegen wir rechts ab in den „Furtweg", fahren über die Autobahn nach **Unterschleißheim** hinein und geradeaus über die „Landshuter Straße" bis zur „Hauptstraße". Hier fahren wir links, kommen über die Bahngleise und radeln geradeaus durch die „Bezirksstraße" vor bis an die „Südliche Ingolstädter Straße" zum Kreisverkehr und dann kurz links zum **S-Bahnhof Lohhof 01** **Ziel**.

AUSFLUGSZIELE / SEHENSWÜRDIGKEITEN & EINKEHRTIPPS

Unterschleißheim-Lohhof 01

Die beiden Orte Unterschleißheim und Oberschleißheim gingen aus dem zwischen ihnen gelegenen Mittenheim hervor. Unterschleißheim bestand aus mehreren Einzelgehöften, von denen eines dem Germane „Slius", dem Gründer der Siedlung, gehörte (um 785 n. Chr.). Der Weiler entwickelte sich bis ins 12. Jahrhundert zu einem Dorf mit dem Namen „Schleyßaim". Zur selben Zeit wird der jetzige Ortsteil Lohhof als Lochoven – Hof im Wald – erwähnt. Im Laufe der Zeit änderte sich der Dorfname zu Nydernsleisheim. Im 15. Jahrhundert wird die Siedlung nach Grossenschleißheim eingegliedert, was jedoch im Zuge der Bayerischen Verwaltungsreform 1818 rückgängig gemacht wird. Unterschleißheim war eine politisch selbständige Gemeinde, die noch ländlich, bäuerlich geprägt war. Mit dem Bau der Eisenbahnlinie durch Unterschleißheim im Jahre 1858 wird auch der Bahnhof in Lohhof gebaut. Es dauerte aber bis 1929, bis Lohhof offiziell als Ortsteil geführt wird. Heute ist Unterschleißheim eine moderne Stadt mit rund 27.000 Einwohnern, die im „Speckgürtel" von München mit innovativem Gewerbe aufwartet.

Tour 02 > Lohhof –Neufahrn – Fahrenzhausen – Lohhof

Haimhausen 09

Die idyllische und ruhige Lage Haimhausens an einer unberührten Mooslandschaft mit Altwassern zog im 19. Jahrhundert viele Landschaftsmaler an. So etablierte sich Haimhausen immer mehr zu einer zweiten Künstlerkolonie neben der (berühmteren) Künstlerkolonie Dachau.

Das bedeutendste Gebäude der Gemeinde ist das **Schloss**, das als *castrum* 1281 erstmals erwähnt wird. Während des Dreißigjährigen Krieges wurde es Opfer eines Brandes. Das einst schöne Gebäude wurde wieder errichtet und unter Reichsgraf Karl Ferdinand Maria von und zu Haimhausen in den Jahren 1743 bis 1749 von Francois de Cuvilliés dem Älteren eindrucksvoll erweitert. Er schuf innerhalb des Schlosses ein außergewöhnliches Kleinod, die **Schlosskapelle** Salvator Mundi. Heute ist das Schloss im Besitz der Bavarian International School und nicht mehr öffentlich zugänglich.

Tourismusinformation siehe ab S. 137
Übernachtungsverzeichnis siehe ab S. 140

St. Georg in Weng.

Tour 03   Feldmoching – Dachau – Oberschleißheim – Feldmoching
An der Regattaanlage der Olympischen Spiele von 1972

36 km   2:30 Std.   25 hm   25 hm

GPS-Koordinaten / Start
UTM   x: 778.830 m
Zone 32   y: 5.343.220 m

Startort:	München-Feldmoching
Start/Ziel:	S-Bahnhof Feldmoching, S1 (493 m)
Charakter:	Die Tour über das Dachauer Moos hat keine Steigungen und lässt uns auf asphaltierten Wegen radeln, abgesehen von kleinen Wegabschnitten mit losem Untergrund
Verkehr:	In Dachau, Oberschleißheim und auf der Straße von Ampermoching zum Mooshäusl ist mit geringem Autoverkehr zu rechnen

Tipp: Wer sich für Technik interessiert, sollte die Flugwerft Schleißheim besuchen. Die Außenstelle des Deutschen Museums präsentiert über 50 „echte" Flugzeuge.

Ausflugsziele / Sehenswürdigkeiten & Einkehrtipps siehe S. 35

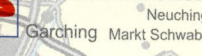

Übersicht

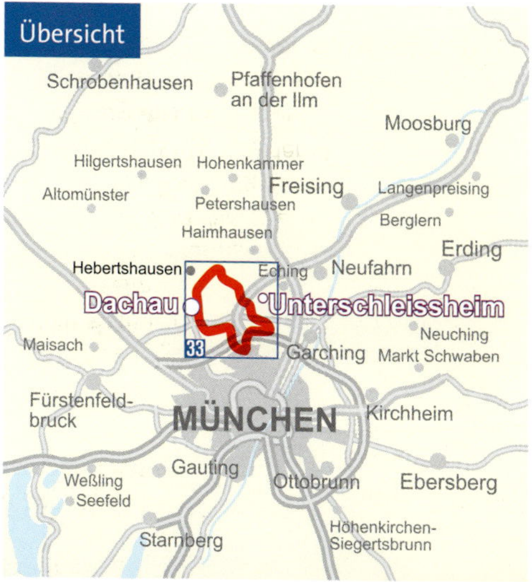

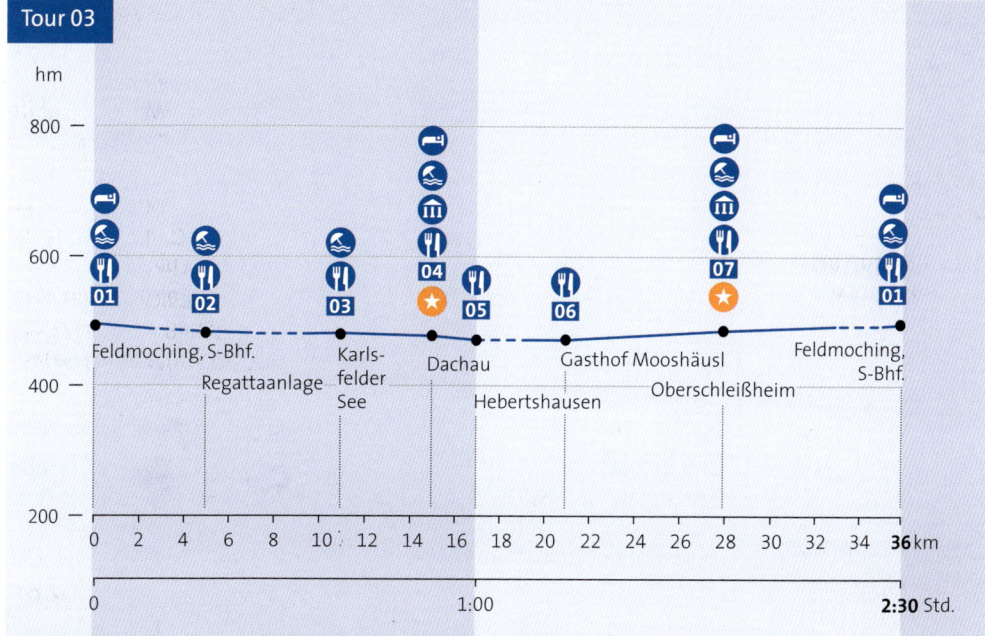

Feldmoching – Hebertshausen / 17 km / 1:00 Std.

Start Wir starten am „Walter-Sedlmayr-Platz" vor dem **S-Bahnhof Feldmoching** 01 und radeln die „Josef-Frankl-Straße" vor zur „Feldmochinger Straße". Hier biegen wir rechts ab, am Denkmal schräg links, in die „Grashofstraße" zur „Pflaumstraße". Gegenüber geht es weiter unter der **Autobahn** durch, rechts in den „Eishüttenweg" über den Würmkanal zum **Regattaparksee** 02. Am Bad vorbei zu den Parkplätzen an den Tribünen. Richtung Ausfahrt gelangen wir zur Tennisakademie und dem Leistungszentrum. Vor der **Ausfahrt** halten wir uns links und nach wenigen Metern rechts in den Wald hinein. Am „Schnepfenweg" biegen wir links ab, gleich wieder rechts und kommen in den „**Kalterbachweg**". Nach den Häusern links ab zum „Regattaweg" und zum NSG Schwarzhölzl. Am Waldrand entlang biegen wir in der Kurve rechts in den Wald, halten uns rechts und biegen vor dem Bach wie-

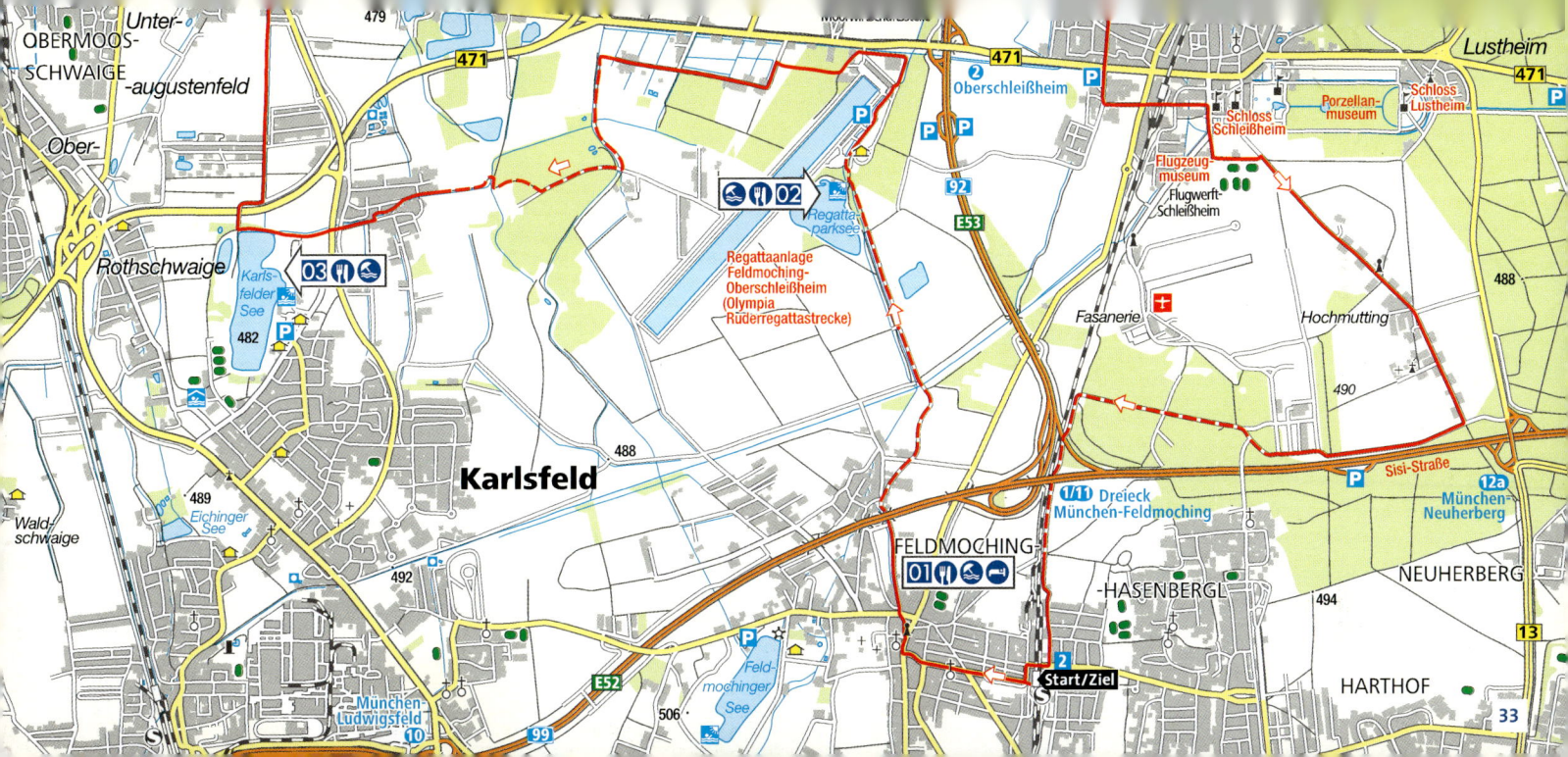

der scharf rechts ab. Nach ein paar Metern fahren wir über den Bach, dann links und erreichen den „Augustenfelder Weg" in **Karlsfeld**. Wir halten uns links bis zur Brücke, hier hinüber zum „Wiesenweg" und dann rechts zur „Hochstraße". Unter der Straßenbrücke hindurch kommen wir zum **Karlsfelder See** 03 🍴 🏊. Am See fahren wir geradeaus, biegen am Ende des Sees rechts ab zu den Kleingärten über die Brücke der B 471 und sind nun in ⭐ **Dachau** 04 🍴 🏛 🏊 🚏. Nach der Brücke folgen wir dem Weg rechts und biegen links ab in die Straße „Am Tiefen Graben", vor zur „Schleißheimer Straße". Schräg rechts gegenüber

Das Gasthaus Mooshäusl.

radeln wir auf dem Weg entlang der „Alte Römerstraße", erst am Gewerbegebiet, dann an der **KZ-Gedenkstätte** vorbei und biegen rechts ab in die Straße „Am Kräutergarten". An der „Hebertshausener Straße" biegen wir links ein zum **Sportgelände von Hebertshausen** 05 🍴.

Hebertshausen – Feldmoching / 19 km / 1:30 Std.

Hinter den Sportplätzen radeln wir links und vor der Amper rechts auf den Ammer-Amper-Radweg. Am Ufer entlang stoßen wir auf die Straßenbrücke bei **Ampermoching**, radeln hinauf und halten uns rechts auf den Radweg zur „Moosstraße". Hier biegen wir ein und fahren an den Kiesseen vorbei zum **Gasthof Mooshäusl** 06 🍴. Nach dem Gasthaus links über die Brücke auf den Waldweg, der nach **Riedmoos** führt. Wir stoßen auf die „Würmbachstraße", biegen rechts ab und fahren durch Riedmoos zum Minigolfplatz und zur „Birkhahnstraße", die links ab-

zweigt. Wir folgen ihr über die Autobahn und fahren nach der Brücke rechts im spitzen Winkel zurück nach ⭐ **Oberschleißheim** 07 🍴 🏛 🏊 🚏. Von der „Hirschplanallee" kommen wir in die „St. Margarethenstraße" und folgen ihr zur „Dachauer Straße" am **Schleißheimer Kanal**. Gegenüber fahren wir weiter und biegen links ab in die „Veterinärstraße". An der Staatsstraße setzen wir gegenüber die Tour fort, fahren über die Bahnlinie geradeaus in den „Wilhelmshof" des **„Alten Schlosses"**. Im Hof biegen wir rechts ab in die „Effnerstraße", links in die „Amigonistraße", dann rechts in die „Münchner Allee", auf das Flugfeld hinaus an **Hochmuttig** vorbei. Am Waldrand radeln wir nach rechts in die „Jägerstraße" und folgen ihr, am Militärgelände vorbei, geradeaus auf der „Königstraße" durch das Naturwaldreservat. Am Ende biegen wir links ab, unter der Autobahn durch und fahren entlang der Bahn in die „Raheinstraße" über die „Dülferstraße" zum **S-Bahnhof Feldmoching** 01 🍴 🏊 🚏 **Ziel**.

AUSFLUGSZIELE / SEHENSWÜRDIGKEITEN & EINKEHRTIPPS

Olympia-Regattaanlage 02
Luftlinie 6 km nördlich des Olympiaparks in München liegt die künstlich angelegte Regattaanlage, in der es für Ruderer und Kanuten 1972 um olympische Medaillen ging. Die Sportarten dominieren auch heute die nacholympische Nutzung: Regelmäßig finden hier nationale und internationale Kanu- und Ruderregatten statt. Allen zugänglich ist die rund 500 m lange Badefläche direkt vor den Tribünen.

⭐ Oberschleißheim 07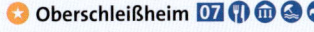

🏛 Flugwerft Schleißheim
Die Flugwerft Schleißheim ist eine Zweigstelle des Deutschen Museums. Neben den historischen Gebäuden und dem historischen Flugplatz befinden sich auf dem Ausstellungsgelände über 50 Flugzeuge, Hubschrauber, Hängegleiter und eine originale EUROPA-Rakete. Eine Ausstellung erläutert die Geschichte des Flugplatzes und der Gebäude seit dem Jahre 1912.

Schloss Lustheim in Oberschleißheim.

🏛 Schloss Schleißheim
Das Neue Schloss in Oberschleißheim wurde im Auftrag Kurfürst Max Emanuels 1701–1704 nach Entwürfen von Enrico Zuccalli begonnen und ab 1719 unter Joseph Effner vollendet. Von der geplanten monumentalen Vierflügelanlage ist nur der Hauptflügel realisiert worden. Die prunkvolle Innenausstattung schufen bedeutende Künstler wie Johann Baptist Zimmermann, Cosmas Damian Asam und Jacopo Amigoni.

Anlässlich seiner Vermählung mit der österreichischen Kaisertochter Maria Antonia 1685 beauftragte Kurfürst Max Emanuel den Architekten Enrico Zuccalli mit der Errichtung des Jagd- und Gartenschlösschens Lustheim.
Heute birgt Schloss Lustheim die weltberühmte und nach Dresden bedeutendste Sammlung früher Meißener Porzellane.

Tourismusinformation siehe ab S. 137
Übernachtungsverzeichnis siehe ab S. 140

| Tour 04 > Markt Schwaben – Forsthaus Diana – Markt Schwaben |

Tour 04

Markt Schwaben – Forsthaus Diana – Markt Schwaben
Durch den Ebersberger Forst

| 41 km | 2:45 Std. | 57 hm | 57 hm | |

GPS-Koordinaten / Start

| UTM | x: 712.620 m |
| Zone 32 | y: 5.341.650 m |

Startort: Markt Schwaben

Start/Ziel: S-Bahnhof Markt-Schwaben, S2 (508 m)

Charakter: Durch das Waldgebiet des Ebersberger Forstes führt uns die Tour hinauf zum Forsthaus Diana, auf Wegen mit losem Untergrund. Außerhalb des Forstes sind die Wege asphaltiert

Verkehr: In den Orten Markt Schwaben, Forstinning, Anzing und Poing stehen uns nicht immer Radwege zur Verfügung, hier ist mit Autoverkehr zu rechnen

Tipp: Für eine Unterbrechung der Radtour bietet sich der Wildpark Poing an. Mit einem Ponyhof, Greifvogelschauen und einem grandiosen Spielplatz finden hier fast jeder etwas für sich.

Ausflugsziele / Sehenswürdigkeiten & Einkehrtipps siehe S. 42/43

Tour 04

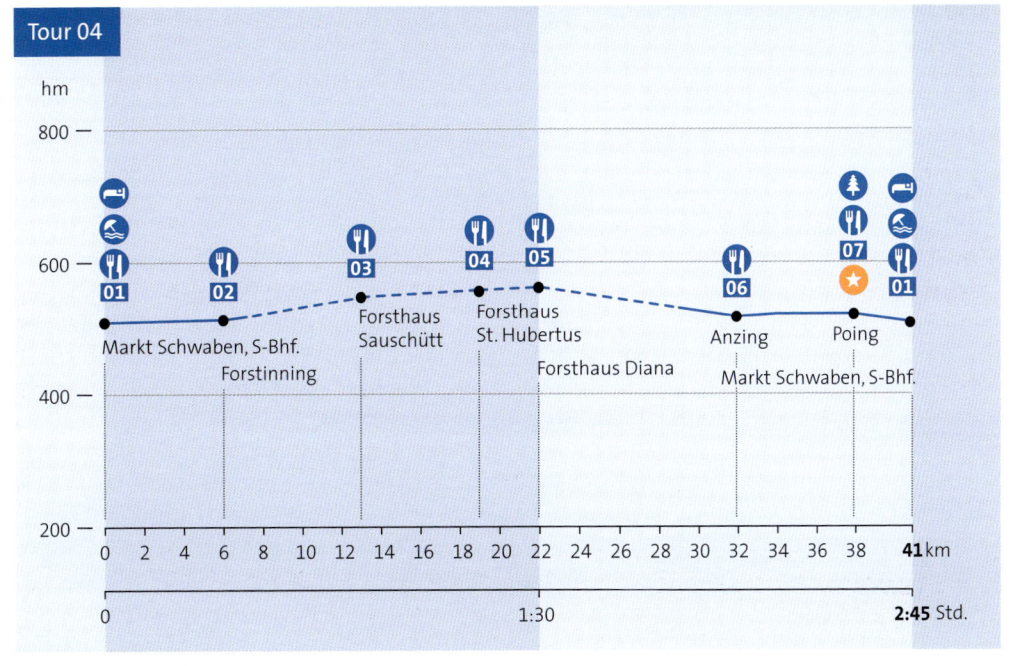

Markt Schwaben – Forsthaus Diana / 22 km / 1:30 Std.

Start ▶ Wir radeln vom **S-Bahnhof Markt Schwaben** 01 die „Bahnhofstraße" links hinunter zur Bahnbrücke und rechts weiter in der „Bahnhofstraße" Richtung **Ortsmitte** zur „Her-

Die Kirche Maria Heimsuchung in Forstinning.

Tour 04 > Markt Schwaben – Forsthaus Diana – Markt Schwaben

37

zog-Ludwig-Straße". Hier biegen wir links ab und radeln auf die Kirche zu. An der Kirche folgen wir der „Erdinger Straße", biegen an der „Schützenstraße" rechts ein und gelangen in den „Schießstättenweg". Hier biegen wir rechts ab und radeln an der „Lodererergasse" links aus dem Ort hinaus. Vorbei am Sportplatz und **Schützenheim** radeln wir über die Sempt an den Waldrand und biegen in den Weg rechts zur **Wagmühle** ein. Hier nehmen wir den Weg vor zur Staatsstraße und radeln auf der „Graf-Sempt-Straße" über die Autobahn nach **Forstinning 02** hinein zur Kirche an der „Mühldorfer Straße".

Nun rechts am Rathaus vorbei und geradeaus, der Hauptstraße folgend, gelangen wir in die „Münchener Straße". Wir radeln am Tiermuseum vorbei, biegen links in die „Parkstraße" ein und radeln Richtung **Ebersberger Forst**. Gleich nach dem Waldrand fahren wir links in das „Rothsäuerl-Geräumt" zum „Kapellen-Geräumt". Hier bie-

gen wir rechts ein und nach 800 m links in das „Pürsch-Geräumt" zum **Forsthaus Sauschütt 03**. Auf dem „Ludwig-Geräumt" vor dem Forsthaus fahren wir rechts zum „Maueranger-Geräumt" und wieder rechts zum Parkplatz an der Kreisstraße. Hier führt uns das „Hohenlindener-Grenzgeräumt" zum **Forsthaus St. Hubertus 04**. Am Forsthaus radeln wir geradeaus im „Hohenlindener-Grenzgeräumt" Richtung Antoni-Weiher. An der Kurve stoßen wir auf das „Herdgassen-Geräumt", biegen rechts ein und nach 1,7 km links zum **Forsthaus Diana 05**.

Forsthaus Diana – Markt Schwaben / 19 km / 1:15 Std.

Auf dem „Reitöster-Geräumt" verlassen wir das Forsthaus und biegen nach 3,2 km rechts ab auf den Weg nach Anzing. Vorbei am Sportzentrum, in der „Eglhartinger Straße" stoßen wir auf die „Schwaigerstraße", die uns rechts nach **Obel-**

fing führt. An der „Parkstraße" biegen wir links ab und erreichen die Ortsmitte von **Anzing 06**. Wir radeln in der „Högerstraße" Richtung Autobahn und biegen nach der Anschlussstelle links ab in die Straße nach Lindach. In **Lindach** links, gleich wieder rechts, fahren wir über die Straßenbrücke, gleich rechts unter die Brücke und weiter parallel zur Staatsstraße zum „Lindacher Weg" an der Brücke. Hier halten wir uns rechts durch das Poinger Holz und erreichen ⭐ **Poing 07** in der „Lindacher Straße". Wir biegen rechts in die „Kampenwandstraße" und in der Linkskurve wieder rechts in den „Osterfeldweg" zum **Wildpark Poing** ein. Am Eingang zum Wildpark halten wir uns links zur Bahnlinie und radeln entlang den Gleisen nach Markt Schwaben. „Am Erlberg" heißt die Straße, die uns in Markt Schwaben an die „Berlinger Straße" führt. Wir queren sie und fahren die „Bahnhofstraße" entlang zum **S-Bahnhof Markt Schwaben 01** **Ziel**.

Tour 04
Start/Ziel
Gelting
524
Markt Schwaben
Stadtplan S. 43
01
Wind
Erlbach
Pastetten
508
514
Wagmühle
Birkeln
532
Ottersberg
Straßham
Bocköd
514
534
Ried
Wildpark
541
Staudach
Lindach
507
Forstinning
11
Forstinning
02
Kipfing
Aitersteinering
Keltenschanze
521
Salzburg
Moos
Siegstätt
Poing
07
E552
94
Mauerstetten
Anzing
11
12
E552
Neupullach
Niederried
Hl Kreuz
Angelbrechting
Anzing
06
Unter-
-asbach
40
Schwaberwegen
Neufarner Berg
552
Rothsäuerl-Geräumt

Mauerstetten
Anzing
11
94
39
Niederried
Neupullach
12
E552
P
Hl Kreuz
Tour 04
Anzing
P
06
Unter-
-asbach
Schwaberwegen
Lehmberg
541
Rothsäuerl-Geräumt
Ober-
Ziegelstadel
Ebersberger
Obelfing
Kapellen-Geräumt
Dürsoh-Geräumt
530
561
522
Forsthaus Sauschütt
03
Frotzhofen
Forst
568
Purfing
Maueranger-Geräumt
Ludwig-Geräumt
543
Sebastiansäule

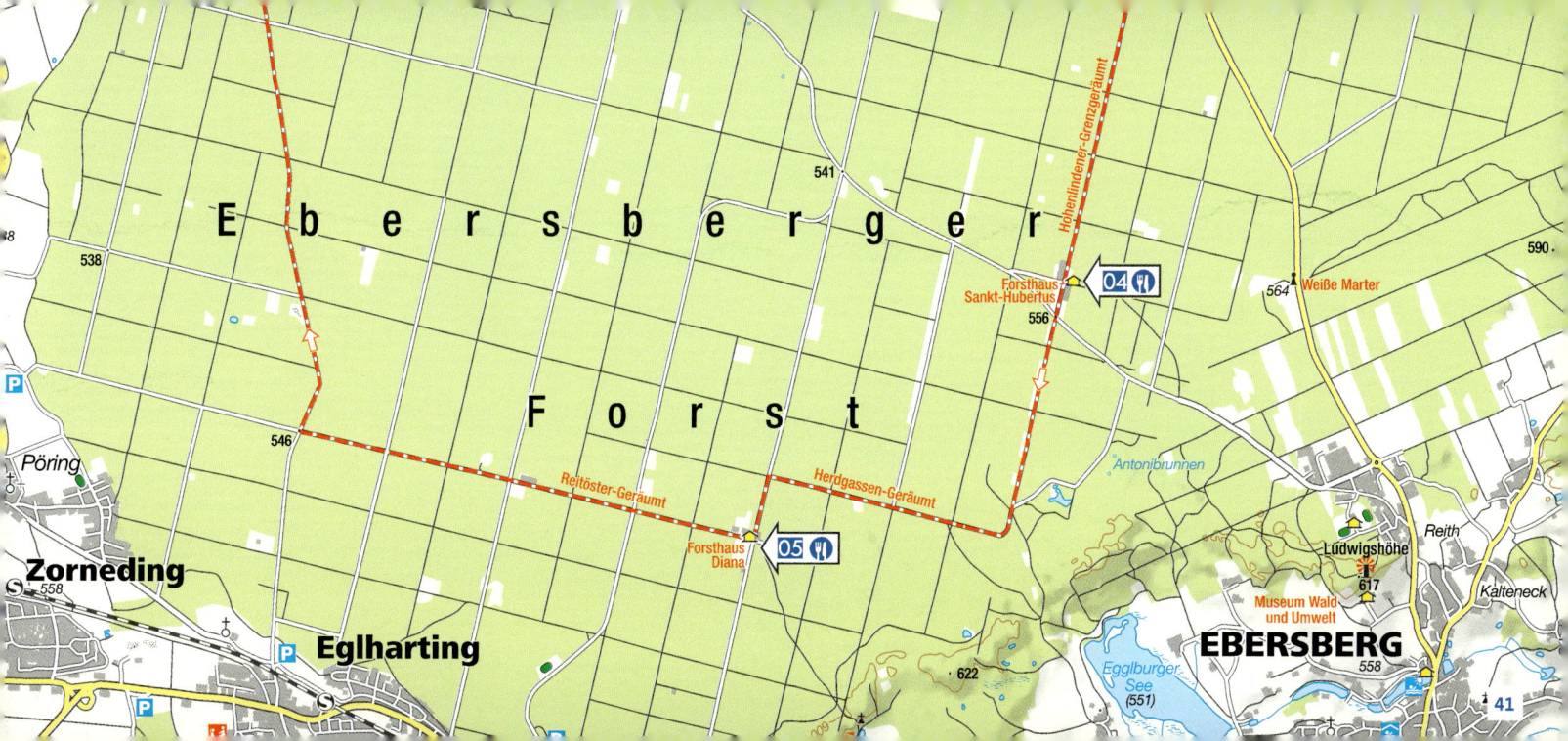

Ebersberger Forst

Pöring

Zorneding

Eglharting

EBERSBERG

Forsthaus Sankt-Hubertus

Forsthaus Diana

Hohenlindener-Grenzgeräumt

Reitöster-Geräumt

Herdgassen-Geräumt

Antonibrunnen

Weiße Marter

Ludwigshöhe

Museum Wald und Umwelt

Egglburger See (551)

Reith

Kalteneck

538 · 541 · 556 · 564 · 590 · 546 · 558 · 617 · 622 · 558 · 41

04 · 05

AUSFLUGSZIELE / SEHENSWÜRDIGKEITEN & EINKEHRTIPPS

Der **Ebersberger Forst**, heute Landschaftsschutzgebiet, gehörte erst den Grafen von Sempt und anschließend bis 1803 dem Kloster Ebersberg. Ab 1817 wurde der Forst Wildpark eingezäunt und zum Hofjagdbezirk erklärt. Heute ist der holzwirtschaftlich genutzte Ebersberger Forst zu 80% Staatsforst, der Rest in Gemeinde- und Privatbesitz. Viele Rad- und Wanderwege erschließen den Forst, bewirtschaftete Forsthäuser laden zum

Forsthaus St. Hubertus.

Verweilen ein. Der Aussichtsturm auf der Ludwigshöhe nördlich von Ebersberg bietet einen herrlichen Rundblick über den Forst und die Kreisstadt Ebersberg.

Geräumte in den Forsten Die schachbrettartige Einteilung des Ebersberger Forstes in „Geräumte" (Quadrate von ca. 400 x 400 m) entstand in der zweiten Hälfte des 18. Jahrhunderts. Damals bemühte man sich, die stark heruntergewirtschafteten, ertragsarmen Laubwälder durch eine geregelte Forstwirtschaft mit Nadelhölzern zu ersetzen. Voraussetzung dafür war eine Vermessung und Neueinteilung der großen Forste um München. Das durch die „Geräumte" neu geschaffene Wegegitternetz wurde mit Namen versehen, die in Bezug zu Ortsnamen, zu Wild- und Jagdbetrieben und Denkmälern stehen, Eigennamen aus dem bayerischen Herrscherhaus sind oder zu Ehren verdienter Forstleute gewählt wurden. Sie sind heute noch zu erkennen.

Markt Schwaben 01 🚻 🕭 🚽
Markt Schwabens Name geht auf die alemannischen Siedler, die „Suaben", zurück, die hier im 11. Jahrhundert in einer „Mühle bei den Schwaben" siedelten. Den Wittelsbachern gehörte die Siedlung im 13. Jahr-

Markt Schwaben (Herzog-Ludwig-Straße).

hundert, Herzog Ludwig II. der Strenge baute 1283 eine Burg mit einem Burggraben. Ab diesem Zeitpunkt war Schwaben herzogliche Verwaltung und Ort der Hofgerichtsbarkeit. Marktrechte erhielt Schwaben etwa um 1298. Unter dem Markfrieden konnten Handwerker und Kaufleute ihre Waren anbieten und sorgten für Wohlstand. Am Heiligen Abend 1394 wurde Schwaben durch einen großen Brand heimgesucht und alle Urkunden vernichtet.

Alle Rechte und Freiheiten wurden aber wieder bestätigt und das Wappen der Grafschaft Falkenberg an Schwaben verliehen. Im Dreißigjährigen Krieg wurde die Burg zerstört und 1650 auf Geheiss von Kurfürst Maximilian I. durch ein Schloss ersetzt. Im Schloss hatten die Pflegsbeamten ihre Wohnungen, diese mussten sie aber räumen, wenn der Kurfürst für einige Tage im Jahr zur Jagd kam. Heute ist vom Schloss nur noch der Südflügel erhalten.

....

⭐ **Poing** 07 🍴 🛏

Inmitten einer hügeligen, reizvollen Landschaft liegt der **Wildpark Poing** 🍴 🛏 im Nordosten von Poing. Auf einem 57 ha großen Waldgebiet leben Rot-, Dam-, Reh-, Muffel- und Schwarzwild fast wie in freier Wildbahn. Auf einem Rundgang gelangen die Besucher zum Ponyhof, den Teichanlagen, zu den Gehegen mit Füchsen, Sumpfbibern und Waschbären. Zu den Attraktionen zählen die Greifvogelschauen mit Adlern und Falken. Ein großer Spielplatz mit Kiosk und Picknickwiese sorgt für das Wohlbefinden von Alt und Jung.

Tourismusinformation siehe ab S. 137
Übernachtungsverzeichnis siehe ab S. 140

Tour 04 > Markt Schwaben – Forsthaus Diana

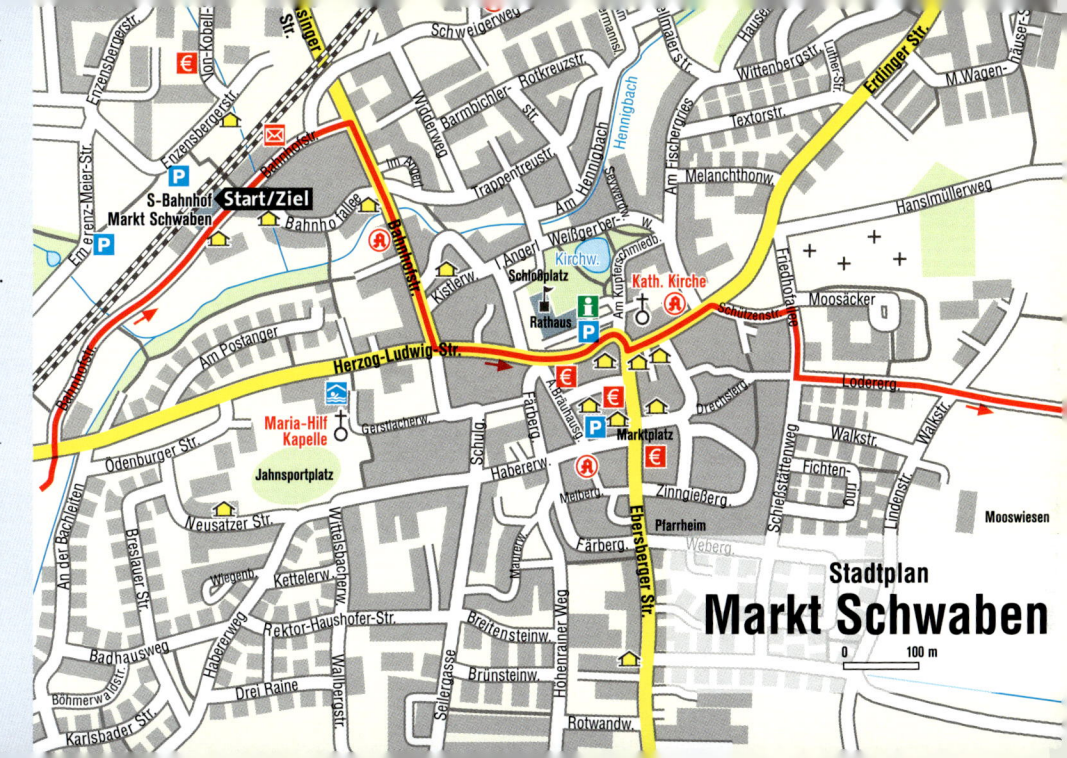

Stadtplan Markt Schwaben

Tour 05

Altenerding – Oberneuching – Altenerding
Durch das Tal der Sempt zum Erdinger Moos

36 km | 2:30 Std. | 40 hm | 40 hm

GPS-Koordinaten / Start
UTM   x: 715.190 m
Zone 32   y: 5.353.000 m

Startort: Erding
Start/Ziel: S-Bahnhof Altenerding, S2 (469 m)
Charakter: Eine Radtour ohne erkennbare Steigungen über das Erdinger Moos. Die Wege sind in der Regel asphaltiert
Verkehr: In Moosinning am Freizeitgelände und in Altenerding rund um die Therme Erding haben wir es mit geringem Autoverkehr zu tun, ebenso in Ottenhofen

Tipp: Schauen Sie doch mal den Golfern zu: Auf dem Platz der Champions in Eichenried, wo sich jedes Jahr Golfer aus aller Welt zu den BMW International Open treffen.

Ausflugsziele / Sehenswürdigkeiten & Einkehrtipps siehe S. 49

Tour 05

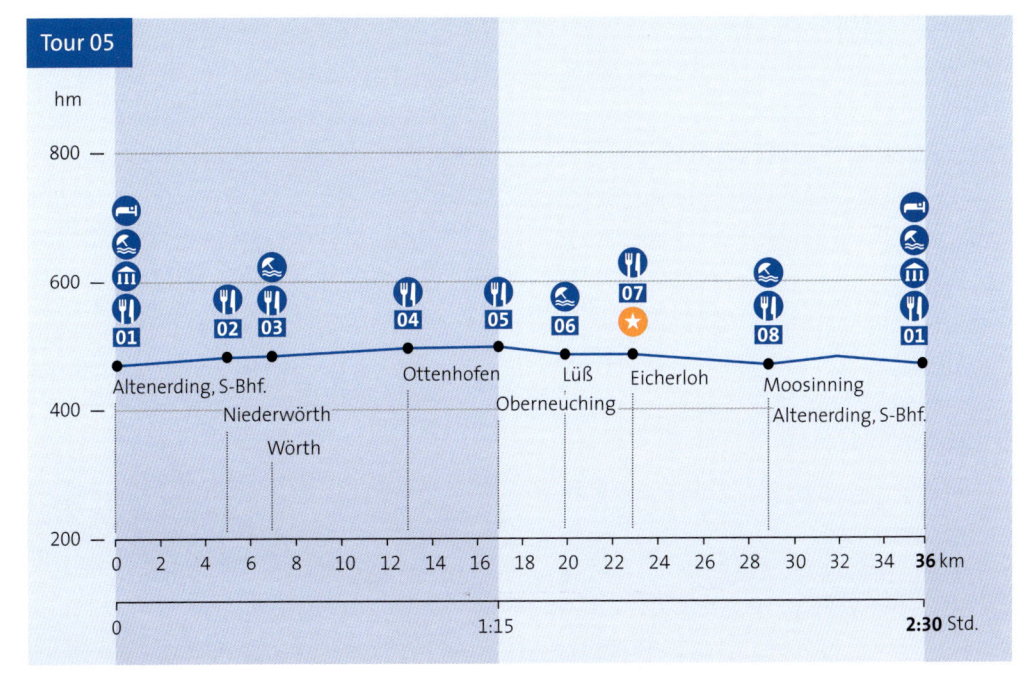

hm — elevation profile

Point	Location
01	Altenerding, S-Bhf.
02	Niederwörth
03	Wörth
04	Ottenhofen
05	Lüß
06	Oberneuching
07	Eicherloh
08	Moosinning
01	Altenerding, S-Bhf.

Distance axis: 0 – 36 km
Time axis: 0 – 1:15 – 2:30 Std.

Altenerding – Oberneuching / 17 km / 1:15 Std.

Start ▶ Wir fahren vom **S-Bahnhof Altenerding** `01` 🍴 🏛 🏊 🚂 links vor zur „Bahnhofstraße" und biegen links ab über die Bahngleise, bis wir rechts in die „Lange Feldstraße" einfahren. Auf ihr radeln wir stadtauswärts unter der Bundesstraße hindurch. Wir erreichen die „Pretzener Straße" und radeln geradeaus bis zur Einmündung mit der Querstraße. Hier biegen wir links ein über die Sempt nach **Niederwörth** `02` 🍴. Im Ort fahren wir nach rechts, kommen an der Kirche vorbei und erreichen **Wörth** `03` 🍴 🏊. An der Kreisstraße, der „Hörlkofener Straße", fahren wir nach links bis zur „Breitöttinger Straße", biegen rechts ein und gelangen nach **Breitötting**. Hier folgen wir der Ortsdurchfahrt links nach **Sonnendorf**. Im Ort nehmen wir den Weg links zur Kirche und radeln jetzt über die Felder nach **Dürnberg**. Vor Dürnberg folgen wir dem Waldrand, bis wir den Weiler erreichen und gerade-

Tour 05 › Altenerding – Oberneuching – Altenerding

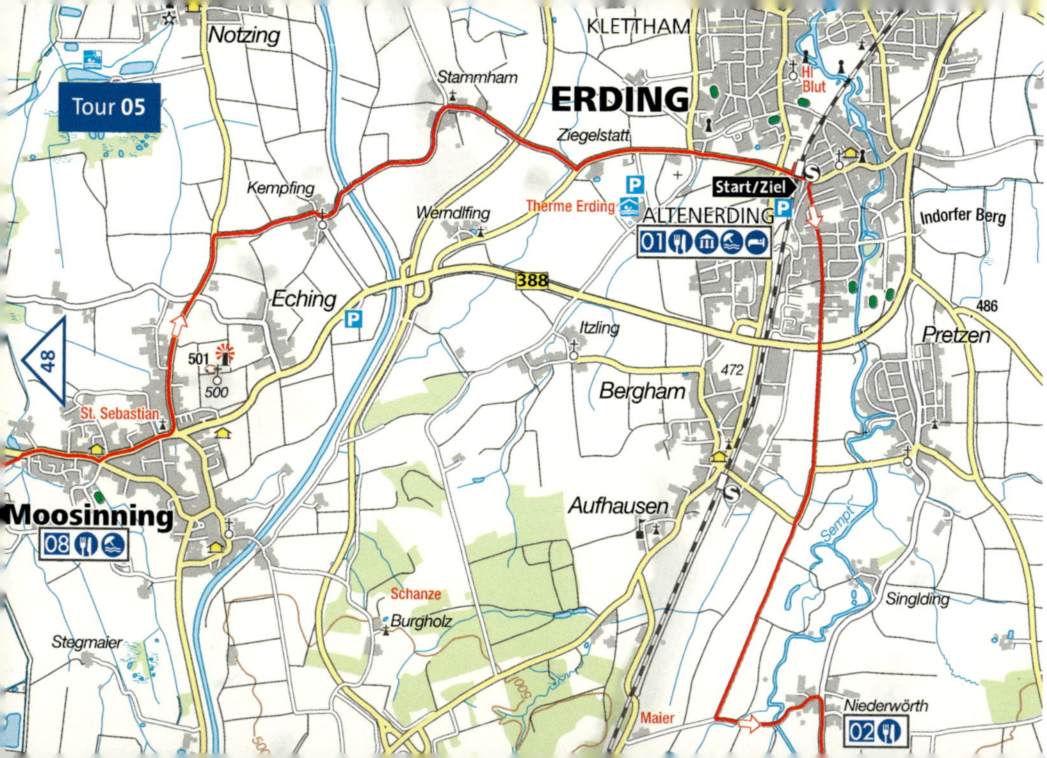

aus zur **Keckmühle** gelangen. Wir radeln über die Brücke der Sempt, halten uns links und dann entlang der Bahnlinie zur Straße an der Bahnbrücke. Wir biegen rechts ein und radeln zur „Schwillacher Straße", die rechts abzweigt und uns nach **Ottenhofen** 04 🍴 bringt. An der Kirche stoßen wir auf die „Erdinger Straße" und fahren auf ihr nach rechts unter der Bahnbrücke hindurch aus Ottenhofen hinaus. An der Linkskurve biegen wir rechts ab und halten uns nach **Harlachen** hinein. Im Ort geht es links weiter, über die Straßenbrücke nach **Holzhausen**. Die Ortsdurchfahrt führt uns nach **Oberneuching** 05 🍴.

Oberneuching – Altenerding / 19 km / 1:15 Std.

An der Kirche biegen wir links ab in die „Eicherloher Straße", kommen zum Isarkanal, dann zum Sportplatz und Badesee und erreichen die Häuser von **Lüß** 06 🏊 an der „Münchner Straße". Gegenüber setzen wir die Radtour fort und radeln auf der „Mooskulturstraße" nach **Oberneuchingermoos** und weiter nach ⭐ **Eicherloh 07** 🍴. An der Kreuzung im Ort halten wir uns rechts und radeln am Friedhof vorbei auf der „Torfstraße" Richtung **Finsingermoos**. An der „Ismaninger Straße" biegen wir rechts ab und gelangen zum **Krug- und Keramikmuseum**. An der Einmündung radeln wir links und folgen der „Eicherloher Straße" durch die Rechtskuve zur Linkskurve. Hier geht es rechts weg an der Motocrossstrecke vorbei zur „Birkenstraße". Hier biegen wir links ein und gleich wieder rechts ab zum Freibad und den **Sportanlagen von Moosinning 08** 🍴🏊. An der „Einfangstraße" radeln wir geradeaus über die Brücke an die Bundesstraße in Moosinning. Wir fahren rechts Richtung Ortsmitte und halten uns später links zur „Erdinger Straße". An der Kapelle St. Sebastian biegen wir links in die „Freisinger Straße" ein und folgen ihr auf dem Radweg bis zur Straße nach **Kempfing**. Hier rechts, nochmals bergauf geht es nach Kempfing hinein und über

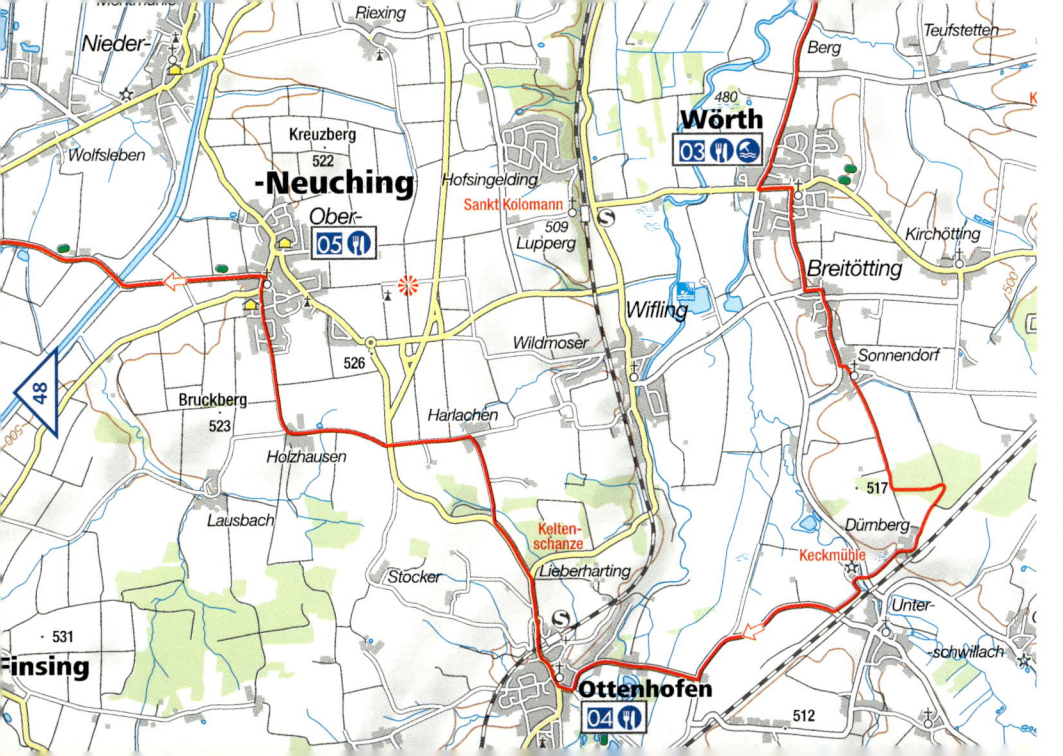

47

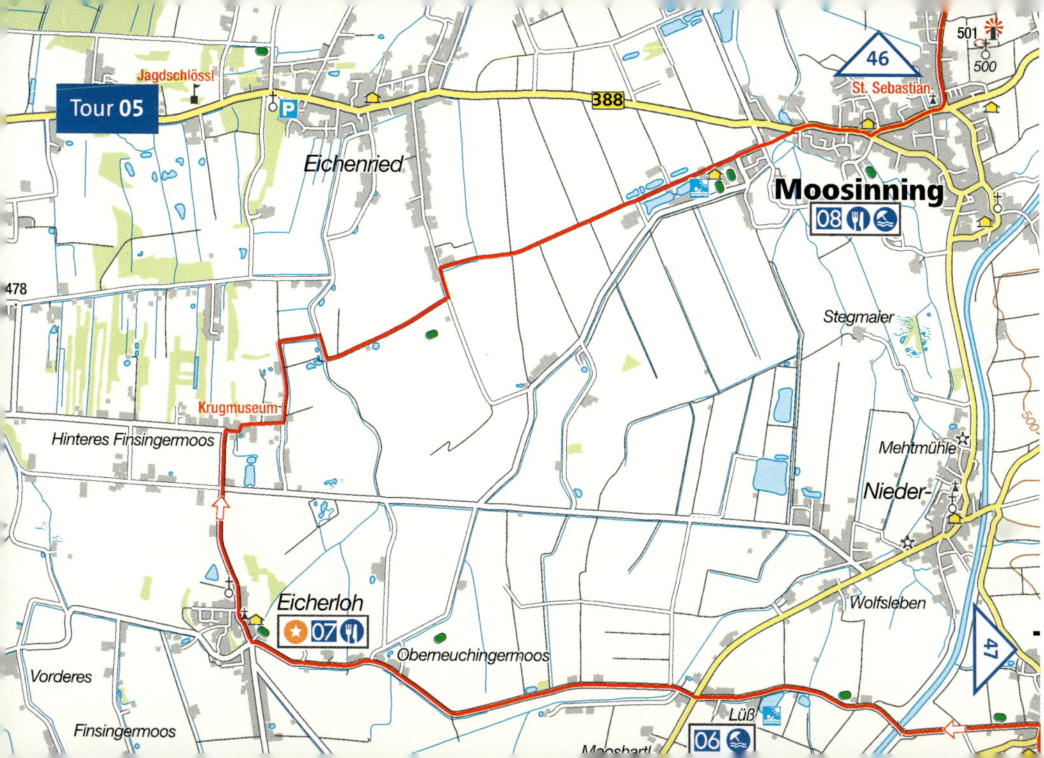

die Mittlere Isar (Kanal) nach **Stammham**. Wir halten uns rechts und fahren über die Staatsstraße nach **Ziegelstatt** und zur **Therme Erding**. An der Straße vor Ziegelstatt biegen wir links ab und radeln auf dem Radweg entlang der Straße über den Kreisverkehr, jetzt entlang der Straße „Am Wasserwerk" zur Bahnbrücke und vor ihr links hinauf zum **S-Bahnhof Altenerding** 09 🍴 🏛 🏊 🛏 **Ziel**.

Der Daimerwirt in Moosinning.

AUSFLUGSZIELE / SEHENSWÜRDIGKEITEN & EINKEHRTIPPS

Erding 01

Etwa um 500 n. Chr. siedelten hier die Bajuwaren und gründeten viele kleine Siedlungen, bevor Herzog Ludwig der Kelheimer 1228 die Stadt Erding gründete und sie zur Sicherung seines Herzogtums befestigte. Zu Wohlstand und zu überregionaler Bedeutung gelangte Erding durch den Bau einer Getreideschranne, sie war nach München die zweitgrößte in Bayern. Wechselvolle Jahre mit Zerstörungen erlebte Erding bis ins 18. Jahrhundert: Schweden, Kroaten, Franzosen, Panduren zogen plündernd und brandschatzend durch Erding. Schweres Unheil brachte auch die Typhus-Epidemie 1772 über den Ort. Zu dieser Zeit war Erding die zwölftgrößte Stadt in Bayern. Zeitgenossen berichten, die Bürger lebten in einem nicht üppigen, „aber zur Verschönerung des Lebens hinlänglichen Wohlstand".

Weißbräu Erding.

Erdinger Weißbräu

Die Erdinger Weißbierbrauerei ist die größte Weißbierbrauerei weltweit. Bereits 1886 wurde in Erding die erste Brauerei urkundlich erwähnt. Franz Brombach übernahm 1935 als Geschäftsführer die Brauerei und legte den Grundstein für den heutigen Erfolg. Den heutigen Namen erhielt die Brauerei 1949. Sie exportiert das Bier in über 60 Länder.

Therme Erding Goldgräberstimmung herrschte in Erding, als 1982 die Deutsche Texaco nach Öl bohrte. Aus 2360 m Tiefe förderte man allerdings nur „warmes Wasser". Das „warme Wasser" wurde aber als Gesundheitsquelle schnell entdeckt und ein Mini-Thermalbad errichtet. Erst 1999 wurde die Therme Erding, das „Südseeparadies" vor den Toren Münchens, eröffnet.

Die Therme Erding.

Tourismusinformation siehe ab S. 137
Übernachtungsverzeichnis siehe ab S. 140

Tour 06

Fürstenfeldbruck – Weßling – Fürstenfeldbruck
Bruck, die Zollstätte an der Amper

34 km	2:30 Std.	116 hm	116 hm	

GPS-Koordinaten / Start

UTM	x: 668.200 m
Zone 32	y: 5.337.970 m

Startort: Fürstenfeldbruck

Start/Ziel: S-Bahnhof Fürstenfeldbruck, S4 (536 m)

Charakter: Zwischen Fürstenfeldbruck und Weßling liegt ein Bergrücken, den wir zweimal erklimmen müssen. Die Wege sind in der Regel asphaltiert, um den Jexhof herum auch geschottert

Verkehr: Geringer Autoverkehr ist in Fürstenfeldbruck, in Weßling und in Biburg zu erwarten

Tipp: Ein 3 km langer Rundweg führt um den malerischer Weßlinger See in Weßling. Das Freibad liegt auf der Ostseite des Sees. Vom Café am See an der Hauptstraße können Sie bei Kaffee und leckerem Kuchen den Ruderbooten nachschauen.

Ausflugsziele / Sehenswürdigkeiten & Einkehrtipps siehe S. 55

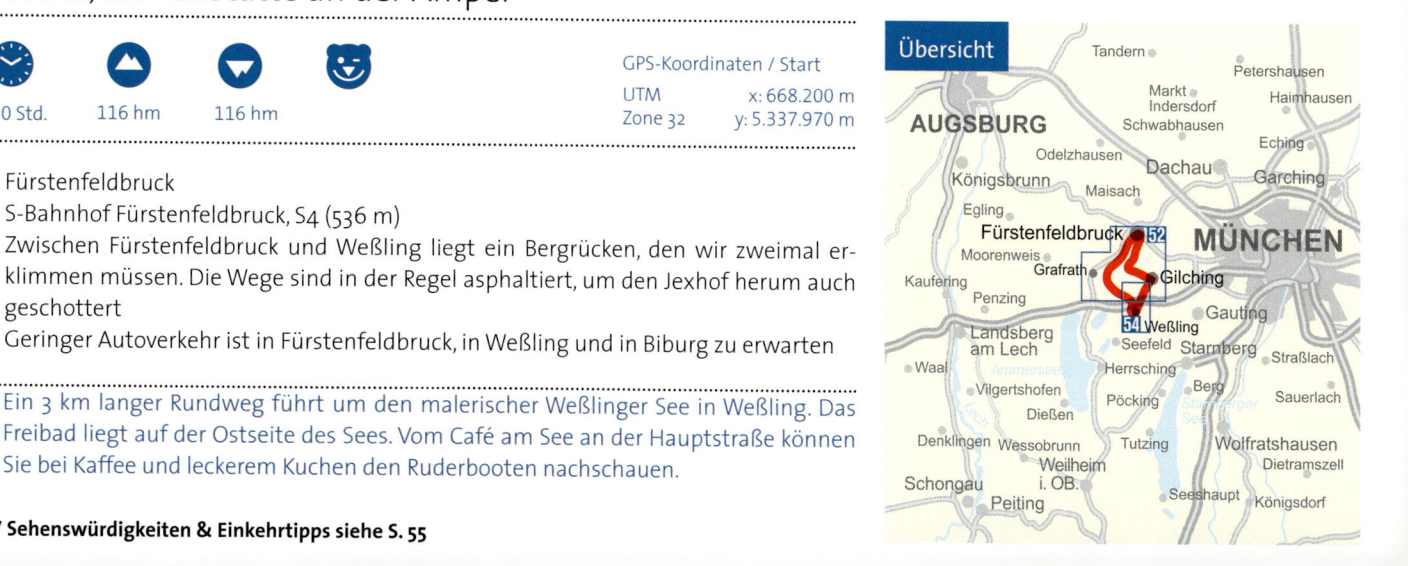

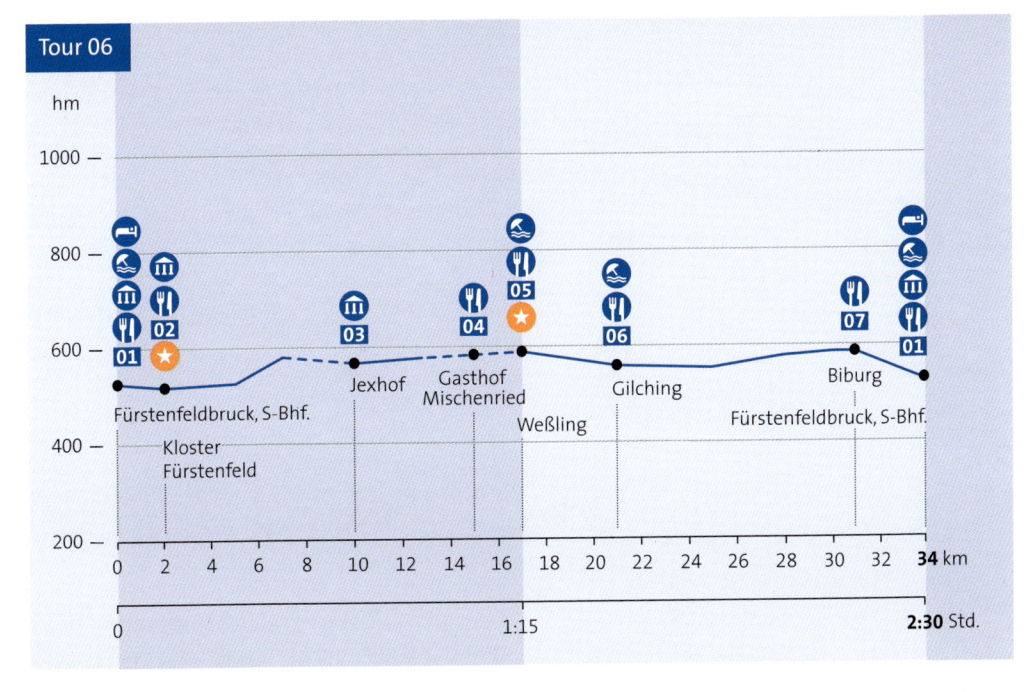

Fürstenfeldbruck – Weßling / 17 km / 1:15 Std.

Start Wir radeln vor dem **S-Bahnhof Fürstenfeldbruck** 01 auf der „Bahnhofstraße" nach links bis zur „Oskar-v.-Miller-Straße". Hier biegen wir wieder links ab, radeln vor zur „Fürstenfelder Straße", halten uns danach geradeaus bis zur „Klosterstraße" und biegen dort links ein Richtung ★ **Kloster** 02. Wir radeln am Zugang zum Kloster geradeaus durch die Bahnbrücke. Gleich nach der Bahnbrücke biegen wir rechts in die „Zellhofstraße" ein und radeln nun im Tal der Amper am **Zellhof** vorbei Richtung **Schöngeising**. Wir stoßen auf die „Holzhauser Straße", am **Wasenmeister** und radeln gegenüber in den Wald hinein. Hier geht es bergauf. An der Abzweigung halten wir uns rechts und folgen dem Weg, bis wir auf einen quer kommenden Weg stoßen, dem wir nach rechts folgen und gleich wieder links abbiegen. Hinter dem Bach biegen wir rechts ab und fol-

Tour 06 > Fürstenfeldbruck – Weßling – Fürstenfeldbruck

Tour 06 > Fürstenfeldbruck – Weßling – Fürstenfeldbruck

gen dem Weg geradeaus zum **Bauernhofmuseum Jexhof** 03 🏛. Wir fahren rechts durch das Museumsgelände zur Straße, biegen links ein, radeln durch den Forst an der Steinernen Säule vorbei, bis an die **Autobahn**. Hier halten wir uns links unter der Autobahn hindurch und radeln geradeaus auf den Weg durch den Wald nach **Mischenried** 04 🍴. Wir lassen Mischenried links liegen und fahren rechts weiter nach **Weßling** hinunter zum S-Bahnhof Weßling.

Weßling – Fürstenfeldbruck / 17 km / 1:15 Std.

Von der „Bacheläckerstraße" am Bahnhof biegen wir links ab in die Straße „Grundbreite" unter den Bahngleisen hindurch zur „Hauptstraße". Halbrechts gegenüber radeln wir im „Seeweg" an den ⭐ **Weßlinger See** 05 🍴 🏊 und genießen den Blick über den See. Zurück zur „Hauptstraße" biegen wir rechts ab, und fahren bis zur Fußgängerunterführung der Bahn, folgen ihr und stoßen

Wildenroth
Grafrath
Höfen
Rasso
535
Amper
Unteralting
Marthashofen
Sunderburg
Schloßberg
Wolfszange
589
Mauern
Langer Berg
Jexhof
Bauernhof-museum
03
Kuchelschlag
615
Mauerner Berg
611
Steinerne Säule
Hirschberg
587
585
572
Keltenschanzen
Keltenschanzen
Holzhausen
Angerhof
Steinlach
Rottenried
Gilching
06
Waldhof
Wiesmath
Neugilching
Sankt
54
53
471
471
569
557
559
528
601
595
543
547
556
556
546
591
566
589
597
571
546
601
567
555
559
575
571

Tour 06 > Fürstenfeldbruck – Weßling – Fürstenfeldbruck

auf den „Gilchinger Weg", der uns rechts unter der **Autobahn** hindurch zum Sportzentrum von **Gilching** 06 führt. Hier fahren wir nun in der „Weßlinger Straße" bis an die „Römerstraße". Jetzt links einbiegen und bis zum Abzweig nach Steinlach radeln. Am Abzweig links durch **Steinlach** hindurch und weiter Richtung Holzhausen. Wir stoßen auf die Straße nach Schöngeising, biegen rechts ab und radeln durch **Holzhausen** hindurch an **Neuried** vorbei nach **Biburg** 07. An der Kirche biegen wir links ab in die „Brucker Straße" und folgen ihr, bis rechts der breite Feldweg abzweigt. Ihm folgen wir über die Felder bis zum Wegekreuz, biegen links ab und fahren auf den Wald zu. Der Weg führt durch den Wald hinunter zum Parkplatz an der Bundesstraße. Wir biegen vor der Straße links ab und erreichen die „Pfaffinger Straße". Hier halten wir uns rechts zur Bundesstraße, radeln unter der Bahn hindurch und wieder links in die „Bahnhofstraße" zum **S-Bahnhof Fürstenfeldbruck** 01 Ziel.

Die Kirche des Klosters Fürstenfeld.

AUSFLUGSZIELE / SEHENSWÜRDIGKEITEN & EINKEHRTIPPS

Fürstenfeldbruck 01

Nicht alles hängt im mittelalterlichen Bruck mit dem Kloster Fürstenfeld zusammen. Der Ursprung des Ortes geht zurück auf den Brückenort „Bruck", eine Zollstätte, die Mitte des 12. Jahrhunderts an der von München nach Landsberg und Augsburg führenden Salzstraße bestand. Mitte des 13. Jahrhunderts kam der Markt Bruck in die Hände der Herren von Gegenpoint. Mit der Säkularisation wurde der Markt Bruck frei von der Bindung an das Kloster. Seit 1908 ist der Doppelname „Fürstenfeldbruck" amtliche Ortsbezeichnung.

★ Kloster Fürstenfeld 02

Die Gründung des Zisterzienserklosters geht auf eine Bluttat Herzogs Ludwig II. (Beiname „der Strenge") zurück. Dieser ließ am 18. Januar 1256 seine Gemahlin Maria von Brabant – entweder aus Eifersucht oder aus politischen Gründen – auf der Burg Werd bei Donauwörth enthaupten. Noch in der Tatnacht befiel ihn allerdings bitterste Reue. Von einer anschließenden Wallfahrt nach Rom zu Papst Alexander IV. erhoffte er

Fürstenfeldbruck: Altes Rathaus mit St. Leonhard.

sich die Absolution. Der Papst sprach ihn jedoch nicht von seiner Tat frei. Er stellte den Bayern-Herzog stattdessen vor die Wahl, sich entweder am Kreuzzug zu beteiligen oder ein Kartäuserkloster zu errichten. Ludwig entschied sich für letztere Buße und betraute 1258 die Zisterziensermönche aus Aldersbach mit der Klostergründung. Diese ließen sich im Eberhardsgarten bei Bruck „auf dem Felde des Fürsten" nieder und gründeten das Kloster Fürstenfeld. Das Zisterzienserkloster wurden „Maria, der Königin des Himmels und der Erde" geweiht, das Marienpatrozinium ist nicht zu übersehen. Das Geheimnis der Menschwerdung des Gottessohnes aus Maria, der Jungfrau, steht deutlich im Blickpunkt der künstlerischen Ausgestaltung des Kirchenraumes.

Bauernhofmuseum Jexhof 03

Das Bauernhofmuseum wurde 1987 eröffnet, nachdem sich seit 1983 ein Förderverein um den Aufbau des Museums bemüht hatte. Bis 1980 war der Hof bewohnt, zuletzt von der ehemaligen Dienstmagd Resi Geiger, die seit 1930 für die Bauersfamilie Riedl gearbeitet hatte. Im 18. Jahrhundert gehörte der Hof dem Kloster Fürstenfeld, das den Hof den Pächtern übergab, um das Vieh zu hüten und den umfangreichen Waldbesitz zu bewirtschaften.

Tourismusinformation siehe ab S. 137
Übernachtungsverzeichnis siehe ab S. 140

Tour 07

Eglharting – Glonn – Aying – Eglharting
Durch die Täler auf die Höhen

41 km   3:00 Std.   214 hm   214 hm

GPS-Koordinaten / Start
UTM   x: 713.350 m
Zone 32   y: 5.329.370 m

Startort: Kirchseeon-Eglharting
Start/Ziel: S-Bahnhof Eglharting, S4 (563 m)
Charakter: Die Tour erfordert einige Kondition, es geht kräftig bergauf und bergab: Hinauf ins Schartlholz, hinunter an die Glonn, dann zum höchsten Ort nach Kaltenbrunn und hinunter ans Ziel. Die Wege sind bis auf kurze Stücke asphaltiert.
Verkehr: Mit geringem Autoverkehr ist zwischen Aying und Oberpframmern sowie um Glonn herum zu rechnen

Tipp: Zur Wallfahrtskirche in Altenburg führt ein schöner Kreuzweg hinauf. Von der Kirche haben Sie einen weiten Blick hinunter ins Tal nach Moosach.

Ausflugsziele / Sehenswürdigkeiten & Einkehrtipps siehe S. 62/63

Übersicht

Tour 07

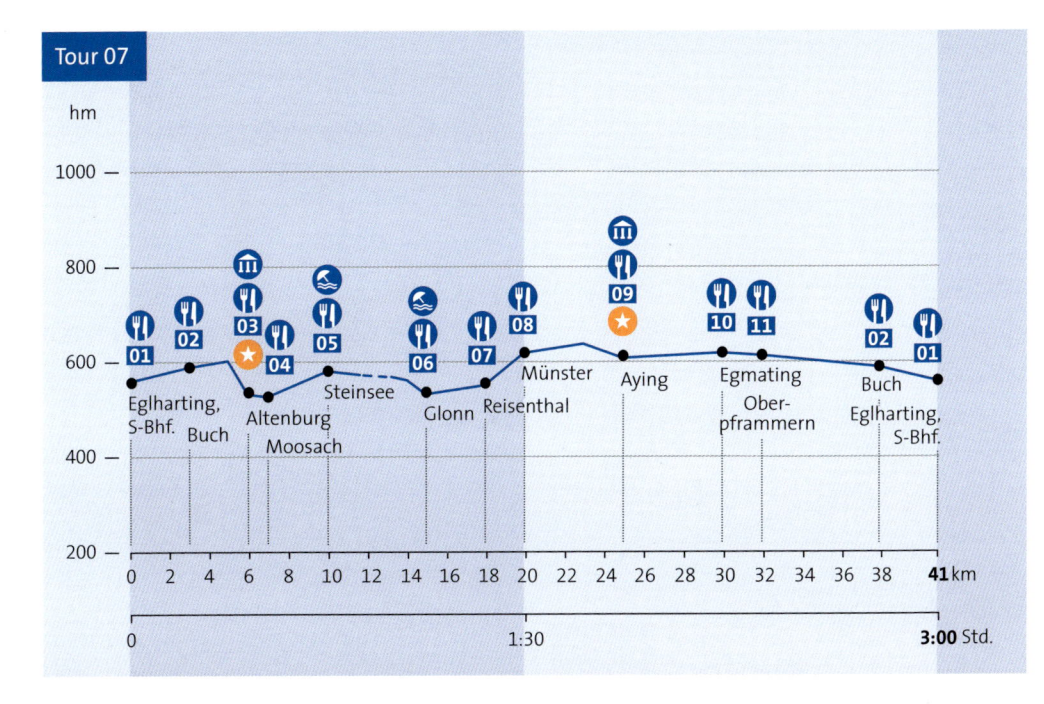

Eglharting – Münster / 20 km / 1:30 Std.

Start Vom **S-Bahnhof Eglharting** 01 🍴 gehen wir zur Fußgängerbrücke hinunter an die Hauptstraße und radeln durch den „Feldweg" zum „Kastenseeoner Weg". Hier biegen wir ein und gelangen an die „Riederinger Straße", der wir folgen. An der „Graf-Ulrich-Straße" biegen wir rechts ab und erreichen die „Bucher Straße". Hier radeln wir nach links in das Eglhartinger Holz nach **Buch** 02 🍴. In Buch treffen wir auf die „Zornedinger Straße" und fahren auf ihr nach links vorbei am **Schartlhof** und der **Winkelmühle** zur **Angermühle**. Wer sich die Wallfahrtskirche in ⭐ **Altenburg** 03 🍴 🏛 ansehen möchte, biegt hier rechts ab und folgt dem Kreuzweg steil nach oben zur Kirche Mariä Geburt.

Zurück an der Kreisstraße, radeln wir weiter an den Sportplätzen vorbei nach **Moosach** 04 🍴 hinein. Von der „Münchner Straße" biegen wir

Tour 07 > Eglharting – Glonn – Aying – Eglharting   57

Tour 07 > Eglharting – Gloun – Aying – Eglharting

Kirche in Gloun.

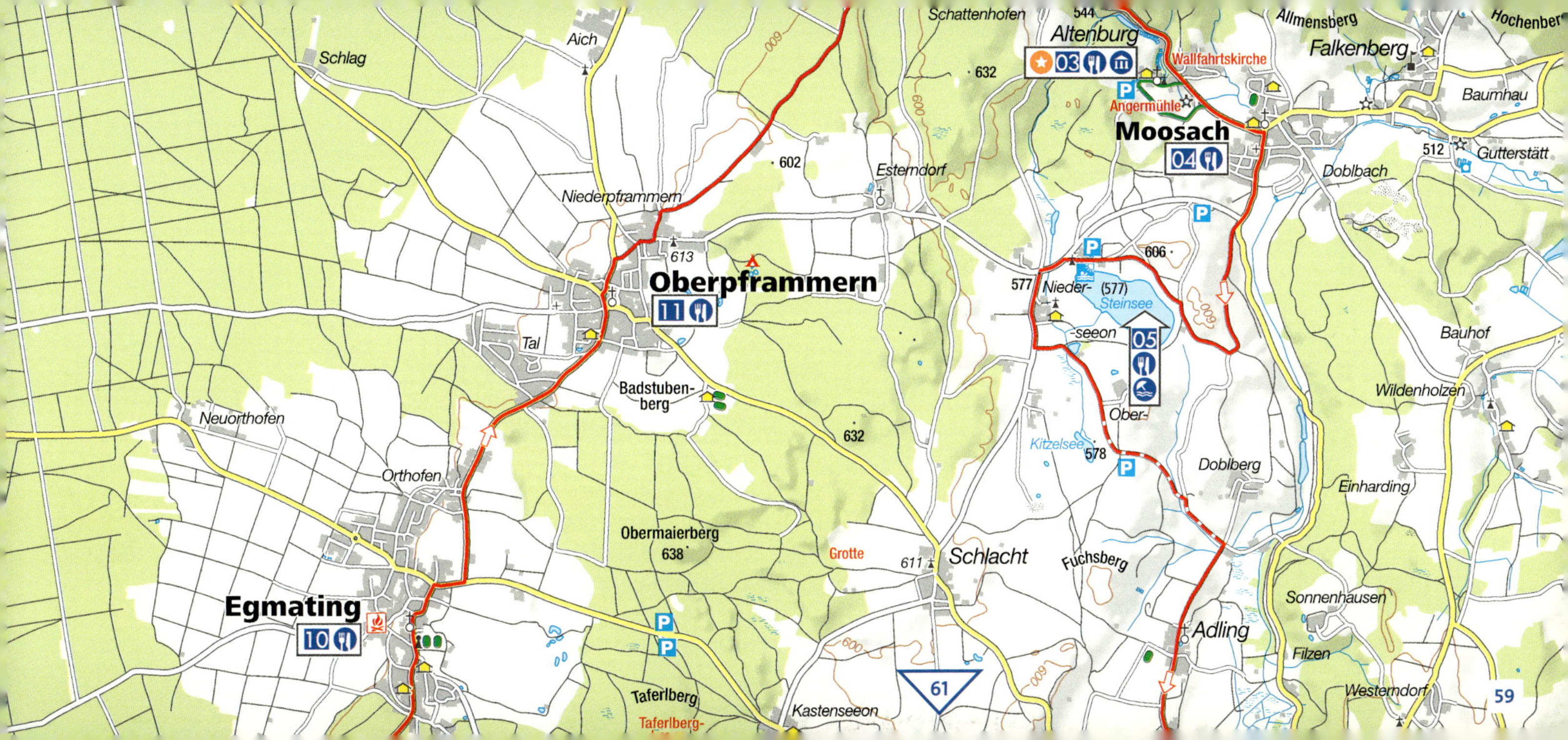
Schlag
Aich
Schattenhofen
544
Altenburg
03
Wallfahrtskirche
Allmensberg
Falkenberg
Hochenberg
632
Angermühle
Baumhau
Moosach
04
512
Gutterstätt
602
Esterndorf
Doblbach
Niederpframmern
613
Oberpframmern
11
606
577
Nieder-
(577)
Steinsee
-seeon
05
Ober-
Tal
Bauhof
Badstuben-
berg
Wildenholzen
Neuorthofen
632
Kitzelsee
578
Orthofen
Doblberg
Einharding
Obermaierberg
638
Grotte
611
Schlacht
Fuchsberg
Egmating
10
Sonnenhausen
Adling
Filzen
61
Westerndorf
Taferlberg
Kastenseeon
Taferlberg-

rechts in die „Glonner Straße" ein, fahren aus- wärts und dann hinter dem Straßenabzweig rechts den Waldweg hinauf zum **Steinsee** 05 🍴🛶.

Wir gelangen zum Freibad und zur Kapelle, fah- ren links ab nach **Niederseeon** und an der Kreu- zung wieder links am Reiterhof vorbei zum Ab- zweig nach Oberseeon. Hier biegen wir ein, zweigen dann aber vom Weg nach **Oberseeon** rechts ab durch den Wald bis an die Wegekreu- zung. Jetzt radeln wir nach rechts über **Adling** nach **Glonn** 06 🍴🛶. Die „Adlinger Straße" führt uns hinunter ins Zentrum an die Kirche. Gegenüber setzen wir unsere Radtour in der „Feldkirchener Straße" fort, biegen rechts ab in die „Reisenthaler Straße", kommen am Freibad vorbei und radeln am Kupferbach entlang nach **Reisenthal** 07 🍴. Am Hof schwenken wir rechts ein, biegen am Weg vor dem Bach rechts ab und radeln hinauf nach **Münster** 08 🍴.

Münster – Eglharting / 21 km / 1:30 Std.

Wir halten uns links zur Kirche und biegen an ihr links ab Richtung Neumünster. Vor den ers- ten Häusern biegen wir rechts ab durch den Wald nach **Graß**. Wir stoßen auf die Ortsstraße, halten uns links nach **Kaltenbrunn** und hier ge- radeaus durch den Wald bis an die „Kaltenbrun- ner Straße" am Waldrand. Hier biegen wir rechts ein nach ⭐ **Aying** 09 🍴🏛.

An der „Oberen Dorfstraße" radeln wir rechts in de Ort hinein, gelangen zur Kirche und stoßen auf die „Zornedinger Straße". Ihr folgen wir nach rechts und radeln auf der Straße nach **Eg- mating** 10 🍴. Die „Schloßstraße" führt uns am Golfplatz vorbei zur „Glonner Straße". Hier bie- gen wir rechts ab und gleich an der „Ober- pframmerner Straße" links, vorbei am Säge- werk nach **Tal** und **Oberpframmern** 11 🍴. Im Zentrum an der Kirche halten wir uns links und

gleich rechts in die „Zornedinger Straße", um dann wieder rechts in die „Dorfstraße" abzubie- gen. Am „Buchenweg" in **Niederpframmern** biegen wir links ein und radeln immer gerade- aus bis nach **Buch** 02 🍴.

Nach Buch hinein gelangen wir auf der „Pfram- merer Straße". Vorn, an der „Zornedinger Stra- ße", geht es nun links, nach wenigen Metern rechts in die „Eglhartinger Straße" durch das Eglhartinger Holz, nun wieder auf der „Bucher Straße" nach **Eglharting**.

An der „Graf-Ulrich-Straße" biegen wir rechts ein, und dann an der „Riederinger Straße" links ab zum „Kastenseeoner Weg". Hier schwenken wir rechts ein, am „Feldweg" links und gelan- gen über die Fußgängerbrücke wieder an den **S-Bahnhof Eglharting** 01 🍴 Ziel.

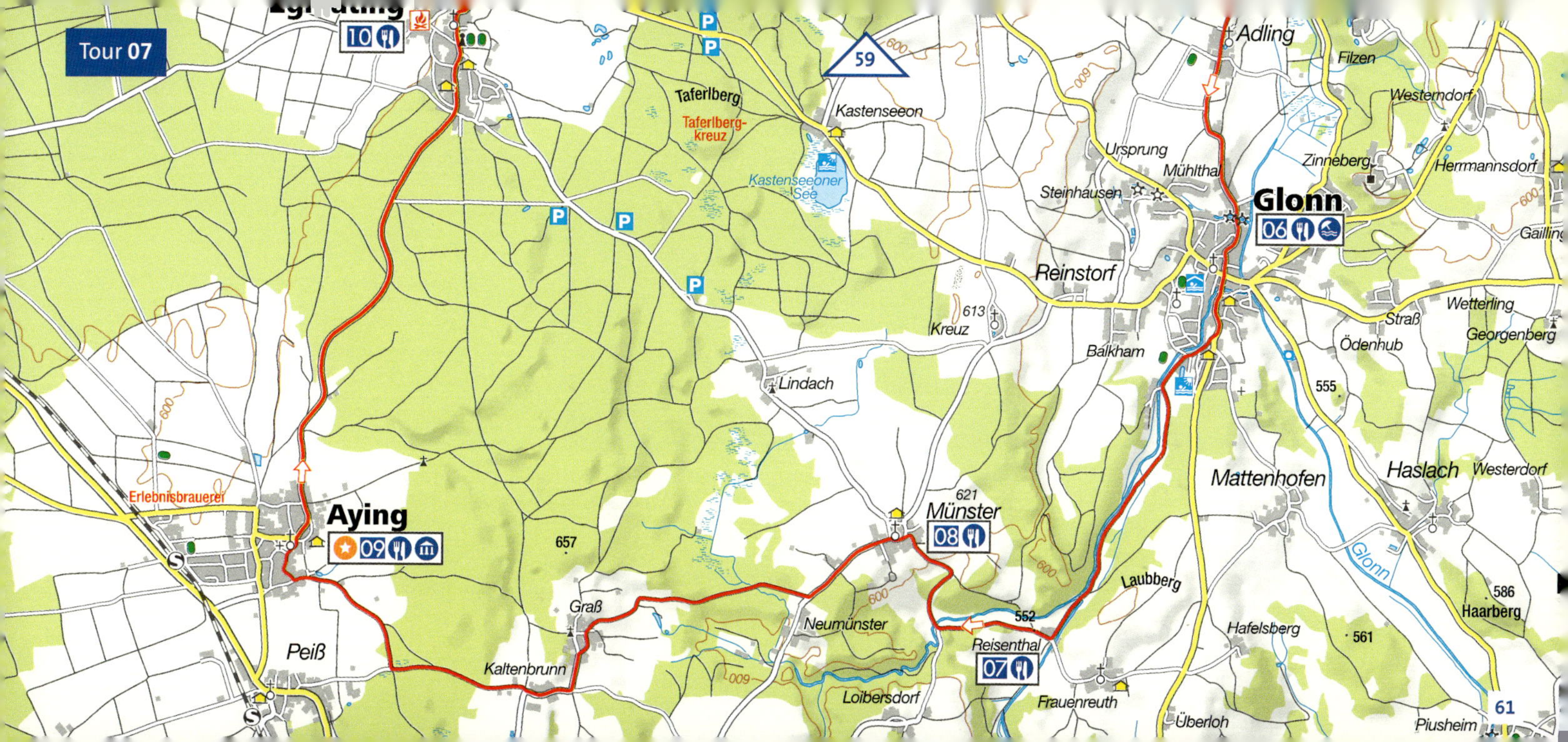
Tour 07
10
59
Taferlberg
Taferlberg-
kreuz
Kastenseeon
Kastenseeoner
See
Adling
Filzen
Westerndorf
Ursprung
Mühlthal
Zinneberg
Hermannsdorf
Steinhausen
Glonn
06
Gailling
Reinstorf
613
Kreuz
Balkham
Wetterling
Straß
Georgenberg
Ödenhub
Lindach
555
Mattenhofen
Haslach
Westerdorf
Erlebnisbrauerei
Aying
09
621
Münster
08
657
Laubberg
Glonn
586
Haarberg
Graß
552
Neumünster
Reisenthal
07
Hafelsberg
561
Peiß
Kaltenbrunn
Loibersdorf
Frauenreuth
Überloh
Piusheim
600

Tour 07 > Eglharting – Glonn – Aying – Eglharting

AUSFLUGSZIELE / SEHENSWÜRDIGKEITEN & EINKEHRTIPPS

⭐ Aying 09 🍴 🏛

1385 verlieh Stephan, Herzog in Bayern, Hans dem Ayinger das Niedergericht und die Taverne Ayingen. Das Wort kommt vom römischen Wort *taverna* und bedeutet „Ort der Gastlichkeit". Die Verleihung ist der älteste überlieferte Nachweis über eine Gaststätte in Aying. Somit stand schon 131 Jahre vor dem Erlass des Bayerischen Reinheitsgebotes durch Bayernherzog Wilhelm IV. 1516 in Aying ein Wirtshaus, in dem Bier ausgeschenkt wurde. Seit 1800 ist Familie Liebhard hier ansässig. Johann Liebhard, der Urgroßvater des heutigen Bräu Franz Inselkammer, gründete die Brauerei 1878.

⭐ Glonn 06 🍴 🏊

Der **Markt Glonn** im Tal der Glonn führt seinen Namen seit der Besiedlung durch die Kelten. „Glana", die Klare, bezeichneten sie die Siedlung am Fluss. Forelle und Mühlrad zieren heute das Wappen und deuten auf den Wasserreichtum und die ehemaligen sieben Mühlen in Glonn hin. 774, als hier bereits die Bajuwaren siedelten, wurde der Ort in den „Traditionen" des Hochstiftes Freising als „Glan" erwähnt. Mutige Bauern siedelten hier zur Zeit des Dreißigjährigen Krieges. In der Schlacht auf dem Kugelfeld 1632 stellten sie sich den schwedischen Truppen, um Glonn zu verteidigen. Sie unterlagen und ihre Siedlung wurde niedergebrannt. In den folgenden Jahrhunderten ging es langsam bergauf. Prächtige Bauernhäuser zeugen noch heute von einer wirtschaftlichen Blüte im 19. Jahrhundert.

Die 13. Station des Kreuzweges vor der Wallfahrtskirche St. Maria Altenburg

⭐ Altenburg 03 🍴 🏛

🏛 Die **Wallfahrtskirche „Unserer Lieben Frau in Altenburg"** liegt auf einem Berg, an dessen Fuß die Moosach aus sieben Quellen entspringt. Die Kirche ist eine der bedeutendsten Marienwallfahrtsstätten Bayerns. Der Kreuzweg führt aus dem Tal hinauf zur Kirche, die 1391 zum ersten Mal erwähnt wird.

Oberpframmern 11 🍴

Im Freisinger Kirchenbuch wird von einer Schenkung berichtet, bestehend aus einer Kirche, zwei Fronhöfen und 120 Joch Wiesen mit großen Waldungen. 806 wird die Schenkung beurkundet und dabei erstmals der Name „Pfrumari" niedergeschrieben. Schon im 14. Jahrhundert wird zwischen den durch einen schmalen Waldstreifen getrennten Orten Nieder- und Oberpframmern unterschieden. Ab 1709 konnten die heimischen Kinder in der „Klause" im Ortsteil Thal zur Schule gehen; der Egmatinger Pfarrer war ihr Lehrer. Später wurde unweit des „Thalschwaigers" ein Schulhaus aus Stein gebaut. Und dies alles zu einer Zeit, als der Ort noch ein Bauerndorf mit nur 380 Einwohnern war.

Tourismusinformation siehe ab S. 137
Übernachtungsverzeichnis siehe ab S. 140

Brauereigasthof Aying.

Tour 08

Kirchseeon – Unterelkofen – Egglburger See – Kirchseeon
Im alten „Holzland", wo die Kohlemeiler rauchten

Übersicht

36 km	2:30 Std.	158 hm	158 hm	

GPS-Koordinaten / Start
UTM   x: 715.070 m
Zone 32   y: 5.328.270 m

Startort: Kirchseeon
Start/Ziel: S-Bahnhof Kirchseeon, S4 (563 m)
Charakter: Es erwartet uns eine Radtour mit ständigem Auf und Ab. Die Wege sind teils asphaltiert und teils mit losem Untergrund belegt
Verkehr: Insgesamt haben wir mit geringen Autoverkehr zu rechnen. Im Bereich des Egglburger Sees um Ebersberg kann der Verkehr auch rege sein

Tipp: Die Ludwigshöhe bei Ebersberg bietet für alle etwas: eine grandiose Aussicht, Informationen zum Wald und zur Umwelt im Museum sowie ein Restaurant.

Ausflugsziele / Sehenswürdigkeiten & Einkehrtipps siehe S. 69

Tour 08

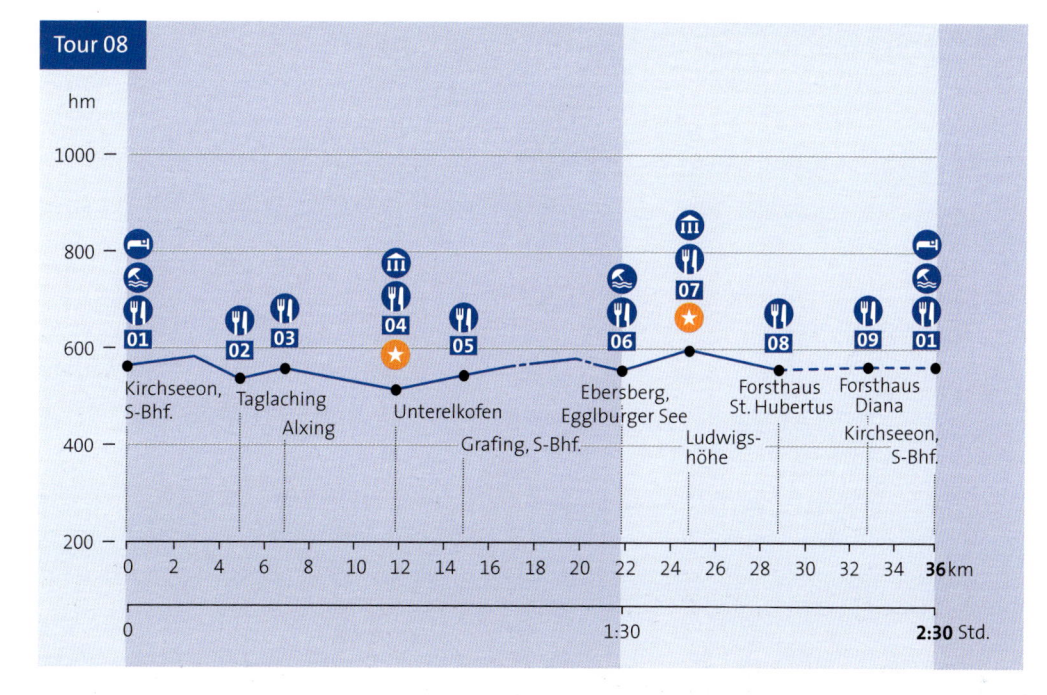

Kirchseeon – Egglburger See / 22 km / 1:30 Std.

Start ▶ Wir lenken unser Rad vom „Bahnhofsplatz" am **S-Bahnhof Kirchseeon** 01 nach rechts in die „Wasserburger Straße" und wieder rechts über die Brücke in die „Moosacher Straße". Auf ihr geht es durch den Wald Richtung **Fürmoosen**. Vor Fürmoosen biegen wir links ab und fahren in den Ort. Dort halten wir uns links, passieren das Fürmoosener Holz und gelangen nach **Taglaching** 02 an die Kirche. Geradeaus durch den Ort geht es nach **Pienzenau** und weiterhin geradeaus. Auf dem Radweg entlang der Straße gelangen wir hinauf nach **Alxing** 03. Am Ortsanfang halten wir uns links, fahren durch den Ort auf der Straße Richtung **Aßling** bis kurz vor **Hüttelkofen**. Jetzt links ab an **Balharding** und **Loch** vorbei nach **Oberelkofen**. Hier stoßen wir auf die „Oberelkofener Straße", fahren rechts zur „Leitenstraße", biegen links ein zum Landschulheim und radeln unter der Bahnbrücke hindurch

Elevation profile waypoints:
- 01 Kirchseeon, S-Bhf.
- 02 Taglaching
- 03 Alxing
- 04 Unterelkofen
- 05 Grafing, S-Bhf.
- 06 Ebersberg, Egglburger See
- 07 Ludwigshöhe
- 08 Forsthaus St. Hubertus
- 09 Forsthaus Diana
- 01 Kirchseeon, S-Bhf.

Distances: 0 – 36 km / Times: 0 – 1:30 – 2:30 Std.

Die Kirche in Alxing.

zur Burg nach ⭐ **Unterelkofen** `04` 🍴 🏛. Die Schlossgaststätte mit Biergarten lädt zur Rast ein. Der Innenhof ist öffentlich zugänglich, die Burgräume sind im Privatbesitz der Grafen von Rechberg. Zur Fortsetzung unserer Tour radeln wir nach **Bachhäusl** und weiter über die Staatsstraße nach **Haidling**. Wir halten uns rechts, fahren zwischen den Häusern durch, dann links nach **Schammach**. Hier an der Bahnbrücke queren wir die „Brucker Straße", fahren entlang der Bahn, dann halten wir uns links in die „Hauptstraße", am **S-Bahnhof Grafing Bahnhof** 05 vorbei nach **Nettelkofen**. Hier biegen wir mitten im Weiler links ab, am Ortsende wieder links Richtung Osterseeon nach **Pötting**. Dort führt die Tour rechts vor zur Staatsstraße. Wir nehmen den Weg rechts nach **Reitgesing**, wechseln auf die andere Seite der Bundesstraße nach **Hörmannsdorf**. An der Kapelle biegen wir rechts ab und halten uns rechts nach **Aßlkofen** hinein. Wir stoßen auf die „Aßlkofener Straße", biegen links ab, queren die „Münchener Straße" und fahren hinauf nach **Egglsee** und zum **Egglburger See** 06, dem Erholungsgebiet der Stadt Ebersberg.

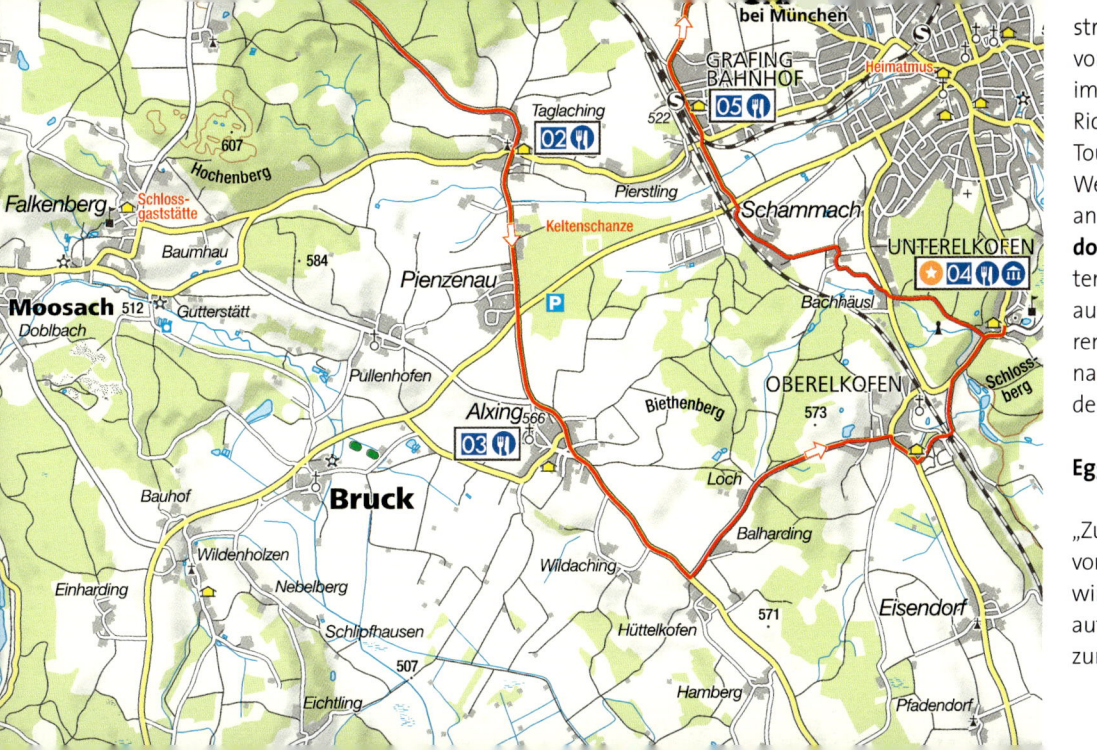

Egglburger See – Kirchseeon / 14 km / 1:00 Std.

„Zur Gass" heißt die Straße, die uns am Wirtshaus vorbei zum **Seeweberweiher** führt. Hier biegen wir rechts ab und bei den Häusern wieder rechts auf den schmalen Weg am **Langweiher** entlang zur Straße „Am Priel" beim **Klostersee** und Freibad. Nun geht es links auf dem Radweg die „Schwabener Straße" hinauf und links ab zum Aussichtsturm auf der ✪ **Ludwigshöhe 07** 🍴 🏛, dem Waldmuseum und dem Gasthaus. Zurück zur „Schwabener Straße" radeln wir weiter bergauf, bis der Radweg auf die „Sportparkstraße" trifft. Wir biegen links ein und halten uns links auf der „Anzinger Straße" in den Ebersberger Forst hinein zum **Forsthaus St. Hubertus 08** 🍴. Von der „Anzinger Straße" geht es rechts zum Forsthaus, wir fahren aber nach links in das „Hohenlindener-Grenzgeräumt" bergauf, dann rechts in das „Herdgassen-Geräumt". Am „Töring-Geräumt" fahren wir links zum **Forsthaus Diana 09** 🍴. Geradeaus, immer noch auf dem „Töring-Geräumt", erreichen wir **Kirchseeon** am Waldfriedhof. Wir queren die B 304 links an der Fußgängerunterführung zur „Hochriesstraße", nehmen rechts den „Kirchenweg" zur Kirche, kommen an die „Münchner Straße" und fahren links vor zum **S-Bahnhof Kirchseeon 01** 🍴 🏊 ♿ **Ziel**.

AUSFLUGSZIELE / SEHENSWÜRDIGKEITEN & EINKEHRTIPPS

Ebersberg 06 🍴 ⛴

Der ehemals kleine Marktflecken mit seiner schönen Umgebung entlang der malerischen Seenkette im Ebrachtal und dem hölzernen Turm auf der Ludwigshöhe, von dem man einen herrlichen Blick auf die Stadt und den Forst genießen kann, ist und war ein begehrtes Ausflugsziel der Münchner. Kein geringerer als Prinz Ludwig von Bayern stattete Ebersberg einen Besuch ab, besichtigte das Schmeder'sche Gut und genoss im Sommerkeller eine frische Maß Bier aus der Ebersberger Schlossbrauerei.

Ebersberg betritt um 880 zur Regierungszeit von König Karlmann die historische Bühne. Einige Jahre zuvor, so die Legende, erlegte Graf Sieghart auf der Jagd im heutigem Stadtgebiet einen Eber. Über der Höhle des Ebers soll sich eine heidnische Kultstätte befunden haben. An ihrer Stelle errichtete der Graf eine Marienkapelle und eine aus Holz gebaute Burg. Siegharts Sohn stiftete dem Augustinerorden an der Stelle der Kapelle ein kleines Kloster. Sein Nachfolger Eberhard I. ließ die Burg 933 mit einer Mauer umfassen und die Kirche St. Sebastian errichten. Beides, Kloster und Kirche, sind heute die bedeutendsten Sehenswürdigkeiten des Ortes.

⭐ Die Ludwigshöhe 07 🍴 🏛

Die Ludwigshöhe mit dem 36 m hohen Aussichtsturm bietet einen herrlichen Rundblick über den Forst und die Stadt Ebersberg. Im Museum „Wald und Umwelt" sind Holzmustersammlungen und die Holzbibliothek zu besichtigen. Das Museum findet man an der Ebersberger Alm, am Fuße der Ludwigshöhe.

⭐ Unterelkofen 04 🍴 🏛

🏛 **Burg Elkofen** Die einzige erhaltene Burganlage im Landkreis Ebersberg und besterhaltene Oberbayerns gehört seit 1664 (mit einer Unterbrechung von 1733 bis 1870) den Grafen Rechberg und Rothenloewen, deren Familie die Fliehburg heute noch bewohnt. Sie ist von tiefen Gräben umgeben und liegt so versteckt in einer ehemals sumpfigen Landschaft, dass sie im Dreißigjährigen Krieg von den Schweden übersehen wurde, als diese 1632 plündernd und brandschatzend durch das Gebiet zogen.

🍴 Unterhalb der Burg Elkofen liegt südlich von Grafing die Schlossgaststätte mit Biergarten.

Tourismusinformation siehe ab S. 137
Übernachtungsverzeichnis siehe ab S. 140

Die Burg in Unterelkofen.

Tour 09 Sauerlach – Otterfing – Aying – Sauerlach
Der Hofoldinger Forst, ein Bannwald

41 km | 2:30 Std. | 80 hm | 80 hm

GPS-Koordinaten / Start
UTM   x: 698.220 m
Zone 32   y: 5.316.790 m

Übersicht

Startort: Sauerlach

Start/Ziel: S-Bahnhof Sauerlach, S3 (616 m)

Charakter: Auf losem und asphaltiertem Untergrund führt uns die Radtour durch den schattigen Wald des Hofoldinger Forstes. Nach Otterfing müssen wir hinaufradeln, dafür geht es bis Kreuzstraße bergab. Die Wege im Bereich der Orte sind asphaltiert

Verkehr: In Sauerlach ist mit leichtem, sonst eher mit sehr geringem Autoverkehr zu rechnen

Tipp: Im malerische Ort Aying liegt ein Gasthaus, in dem schon seit 1516 Bier ausgeschenkt wird und das die Wiege der Brauerei Ayinger ist. Hier sollten Sie einmal vorbei schauen.

Ausflugsziele / Sehenswürdigkeiten & Einkehrtipps siehe S. 76/77

Tour 09

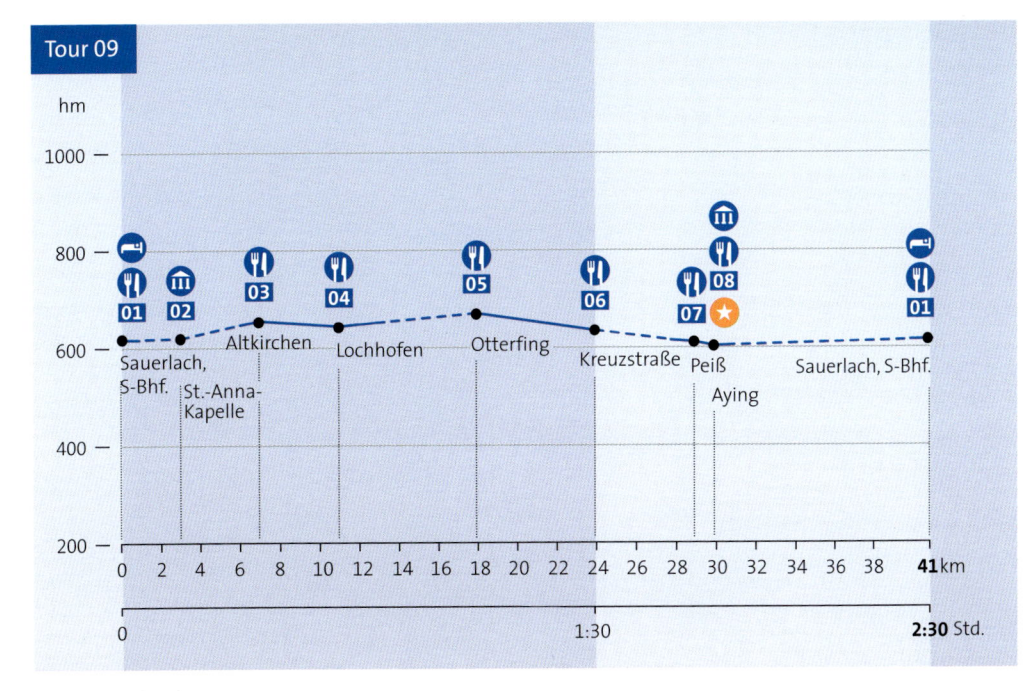

[Elevation profile: Sauerlach, S-Bhf. (01) – St.-Anna-Kapelle (02) – Altkirchen (03) – Lochhofen (04) – Otterfing (05) – Kreuzstraße (06) – Peiß (07) – Aying (08) – Sauerlach, S-Bhf. (01); 0–41 km, 0–2:30 Std.]

Sauerlach – Kreuzstraße / 24 km / 1:30 Std.

Start Auf dem „Bahnhofplatz" am **S-Bahnhof Sauerlach** 01 🍴 🚉 radeln wir nach rechts über die „Münchner Straße" in die „Von-Aychsteter-Straße". An der „Kirchstraße" rechts, dann links, dann geradeaus und in den „Stauchartinger Weg" hinein. Er führt uns in den Deisenhofener Forst – vorbei an der **St.-Anna-Kapelle** 02 🏛 und am Hirschbrunnen – zum Weg, der uns links nach **Altkirchen** 03 🍴 bringt. An der Feuerwehr stoßen wir auf die „Hauptstraße", überqueren sie und fahren ein Stück in der „Eichenhauser Straße". Nach wenigen Metern biegen wir links ab in den „Argeter Weg" und fahren weiter zur „Altkirchener Straße". Weiter rechts in den Wald, immer geradeaus bis nach **Lochhofen** 04 🍴. Wir stoßen auf die „Oberlandstraße", fahren rechts nach **Arget**, überqueren die „Oberhamer Straße" halbrechts und gelangen in die „Holzkirchener Straße", die wir an der Linkskurve verlassen, um

71

Tour 09 > Sauerlach – Otterfing – Aying – Sauerlach

in der "Urspringer Straße" auf die **B 13** zu treffen. Gegenüber auf dem Weg fahren wir geradeaus zur **Bahnlinie**, überqueren sie und radeln nach rechts, immer an der Bahnlinie entlang, nach **Otterfing 05** 🍴. Der "Argeter Weg" führt uns am **S-Bahnhof Otterfing** vorbei zur "Kreuzstraße", auf die wir links einbiegen und unter der Autobahn hindurch bis zum Gasthaus Bartewirt nach **Kreuzstraße 06** 🍴 radeln. In der Nähe liegen der S-Bhf. "Kreuzstraße" (S7) und das tief eingeschnittene, malerische Tal der Mangfall.

Kreuzstraße – Sauerlach / 17 km / 1:00 Std.

Hier biegen wir links ab Richtung **Kleinkarolinenfeld** und nach rund 300 m in den Weg durch den Wald ("Peißer Straße") und radeln bis an die Kreisstraße nach Großhelfendorf. Gegenüber führt uns die Straße an **Neugöggenhofen** vorbei zum **S-Bahnhof Peiß 07** 🍴 und weiter zur Kirche an der "Rosenheimer Landstraße" in Peiß. Wir

72

schwenken links in die „Peißer Straße" nach ⭐ **Aying** 08 🍴 🚆 ein, schauen uns den schönen Ort mit der Brauerei und den urigen Gasthäusern an, und fahren dann durch die „Bahnhofstraße" zum **S-Bahnhof Aying**. Hier gehen wir zur anderen Bahnhofseite zum P+R Platz, radeln rechts zur Ausfahrt und queren die Staatsstraße. Nun halten wir uns links zum „Strasslandweg" und folgen ihm zu den Häusern. Bei ihnen biegen wir links ab zum „Kronesterweg" und folgen ihm rechts in den Wald hinein zur „Römerstraße". Wir queren die Straße und radeln weiter auf der „Römerstraße" bis zum „Markweg", der von Hofolding her kommt. Wir biegen links ein und am rechten „Taxen-Geräumt" rechts ab über die **Autobahn** und fahren immer noch auf dem „Taxen-Geräumt" nach **Sauerlach**. Im „Mühlweg" radeln wir in das Gewerbegiet und benutzen die Bahnunterführung links zur „Schützenstraße". Ihr folgen wir rechts zur „Hofoldinger Straße", biegen kurz links ein und fahren dann rechts auf

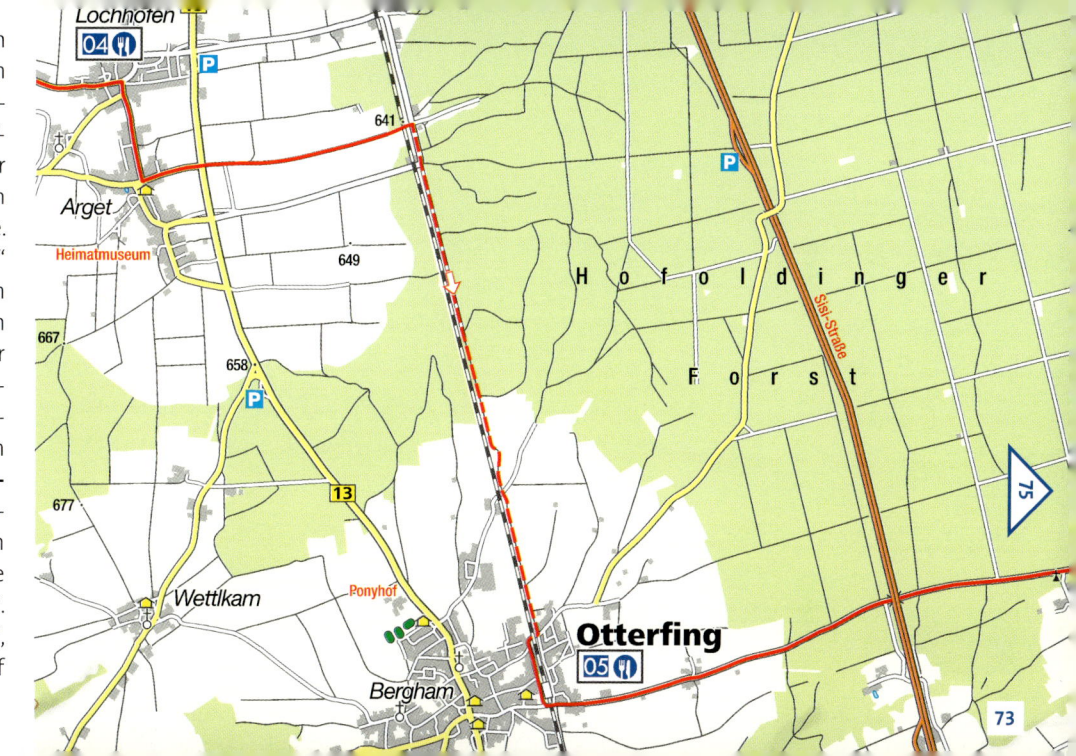

Tour 09 > Sauerlach – Otterfing – Aying – Sauerlach

604
Sauerlach
01
Start/Ziel
96
Hofoldinger Forst
Markweg
Römerstraße
Hofoldinger
Taxen-Geräumt
Forst
72
627
641
Erlebnisbrauerei
Aying
08
Peiß
07
Römerstraße
Göggen-
hofen
Neugöggenhofen
Groß-
helfendorf
Klein-
karolinen-
feld
600

der „Münchner Straße" zum **S-Bahnhof Sauerlach** 01 🍴 🚈 Ziel.

Hofoldinger Forst

Die Waldgebiete um München wurden in den 80er Jahren des 20. Jahrhunderts zu Bannwäldern erklärt. Sie schützen Grundwasser und Boden, reinigen die Luft, sorgen für den Klimaausgleich, bieten Pflanzen und Tieren einen Lebensraum und den Menschen Naherholungsflächen. Bis ins 19. Jahrhundert hinein standen sich vor allem materielle Interessen am Wald und die herrschaftliche Jagd gegenüber. Waldgewerbe wie Köhlerei, Teersiederei und Pottaschengewinnung waren weit verbreitet. Die Imkerei, vormals wichtigste Quelle für Süßstoff, wurde zur Liebhaberei. Als einziges nennenswertes Waldgewerbe blieb nur die Holzproduktion. Zugleich gewann der Wald als Ort der Erholung an Bedeutung.

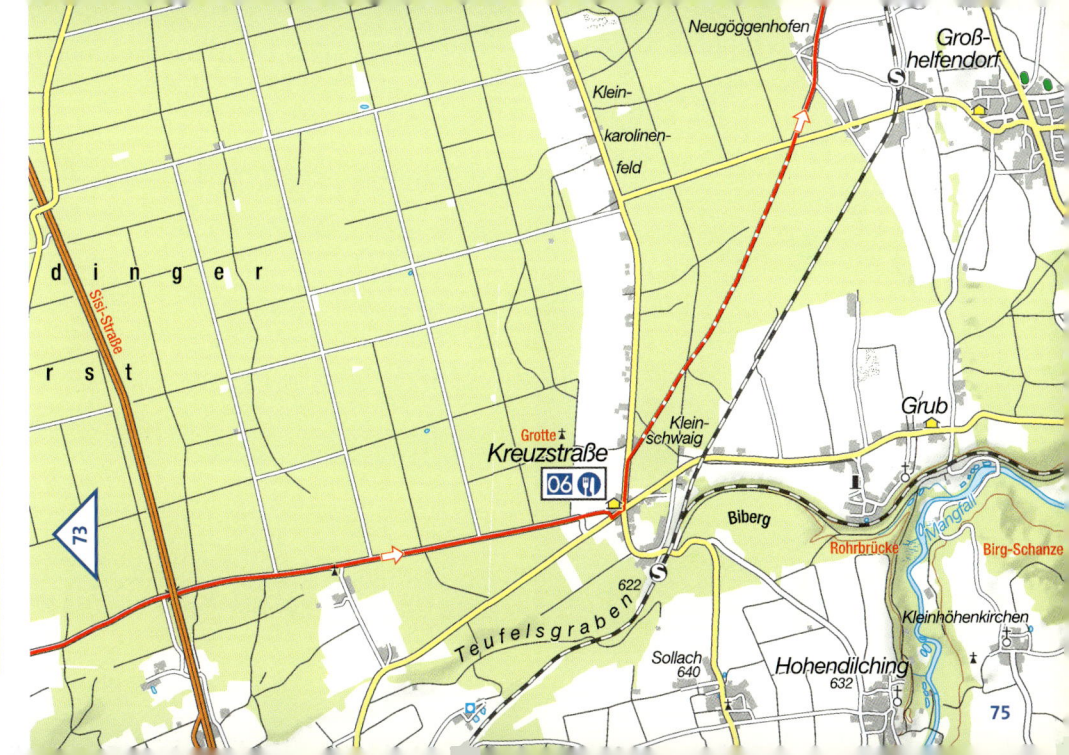

Tour 09 > Sauerlach – Otterfing – Aying – Sauerlach

AUSFLUGSZIELE / SEHENSWÜRDIGKEITEN & EINKEHRTIPPS

Otterfing 05 🏨

Auszug aus dem Heimatbuch „Ein oberbayerisches Bauerndorf im Holzlande" von Eduard Moser (1925): Otterfing gehörte dem Kloster Tegernsee. Die älteste Urbar des Klosters von 1289 stellt eine der wichtigsten Quellen zur frühen Geschichte der Grundherr-

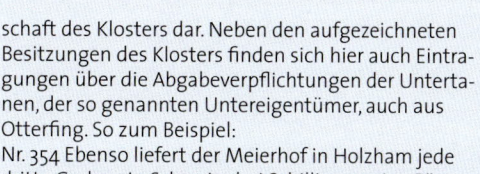

Der Bartewirt in Kreuzstraße.

schaft des Klosters dar. Neben den aufgezeichneten Besitzungen des Klosters finden sich hier auch Eintragungen über die Abgabeverpflichtungen der Untertanen, der so genannten Untereigentümer, auch aus Otterfing. So zum Beispiel:

Nr. 354 Ebenso liefert der Meierhof in Holzham jede dritte Garbe, ein Schwein drei Schilling wert, 3 Gänse, 6 Hühner, 150 Eier, 15 Fische, 12 Pfennig für Lederhäute; für das Wochengericht 1/2 Schäffel Weizen, 1/2 Schäffel Gerste, 2 Schäffel Hülsenfrüchte, 2 dto. Rettiche: für Gastgeschenke dem Herrn Abt 1/2 Schäffel Weizen, 1/2 dto. Roggen; für den Konvent 1/2 Schäffel Weizen und 1/2 dto. Roggen.

Nr. 355 Ebenso liefert Ulrich ebendaselbst von seiner halben Hufe 1/2 Schäffel Weizen, 1/2 Schäffel Roggen, 5 dto. Hafer, ein Schaf im Wert von 6 Pfennig, ein Hähnchen, ein Schwein im Wert von 24 Pfennig.

Nr. 357 Ebenso sind für das Grasland des Meiers von Holzham 40 Pfennig zu zahlen.

Nr. 358 Ebenso liefert Chirigsteiger von Otterfing 6 Schäffel Hafer.

Tourismusinformation siehe ab S. 137
Übernachtungsverzeichnis siehe ab S. 140

Die Kirche St. Andreas in Aying.

Liebhards Braustüberl in Aying.

Die Münchner Trinkwasserversorgung

Schon vor über 120 Jahren kamen die Münchner Stadtväter auf den Gedanken, das malerische Mangfalltal für die Trinkwasserversorgung zu nutzen. 1879/80 erkannten sie, dass die Qualität und die Ergiebigkeit der dortigen Wasservorkommen den Aufwand wert war, den die Überbrückung der mehr als 40 km Distanz zwischen dem Tal und München forderte. Zwischen 1881 und 1883 erschlossen die Münchner die Mühlthaler Hangquellen und schufen die erste Zuleitung zum 30 km entfernten Hochbehälter in Deisenhofen. Dieser Speicher erhielt zwei Kammern für ein Fassungsvermögen von 38.000 m³. Zwei Druckrohrstränge führten das Wasser vom Speicher über 9 km in die Stadt. München war damit erstmals mit dem Gebiet verbunden, dass noch heute rund 80 % seines täglichen Wasserbedarfs deckt.

Tour	**Starnberg – Gräfelfing – Dachau**
10	Von Schloss zu Schloss, die Würm entlang

					GPS-Koordinaten / Start	
					UTM	x: 674.850 m
37 km	3:00 Std.	83 hm	187 hm		Zone 32	y: 5.318.550 m

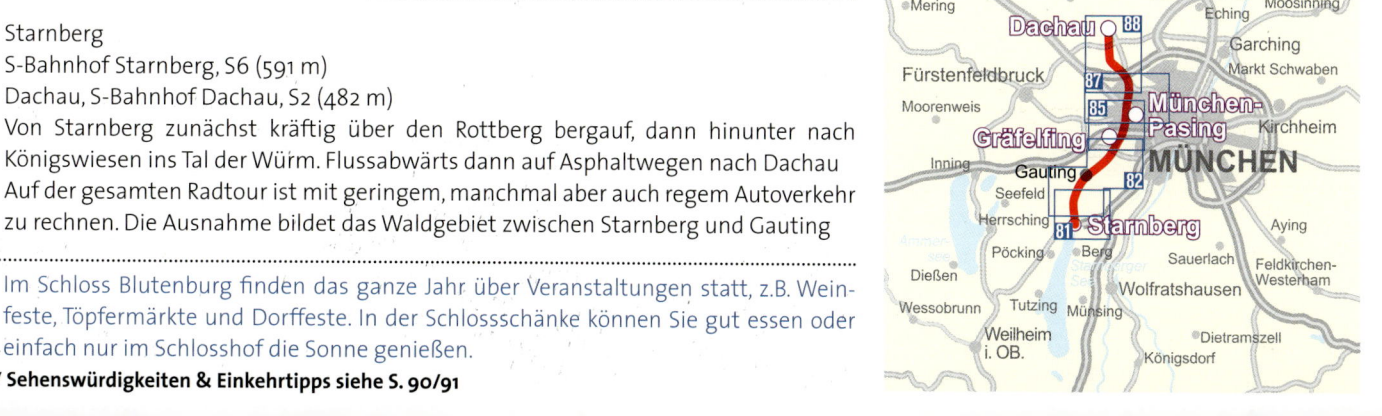

Startort: Starnberg
Start: S-Bahnhof Starnberg, S6 (591 m)
Ziel: Dachau, S-Bahnhof Dachau, S2 (482 m)
Charakter: Von Starnberg zunächst kräftig über den Rottberg bergauf, dann hinunter nach Königswiesen ins Tal der Würm. Flussabwärts dann auf Asphaltwegen nach Dachau
Verkehr: Auf der gesamten Radtour ist mit geringem, manchmal aber auch regem Autoverkehr zu rechnen. Die Ausnahme bildet das Waldgebiet zwischen Starnberg und Gauting

Tipp: Im Schloss Blutenburg finden das ganze Jahr über Veranstaltungen statt, z.B. Weinfeste, Töpfermärkte und Dorffeste. In der Schlossschänke können Sie gut essen oder einfach nur im Schlosshof die Sonne genießen.

Ausflugsziele / Sehenswürdigkeiten & Einkehrtipps siehe S. 90/91

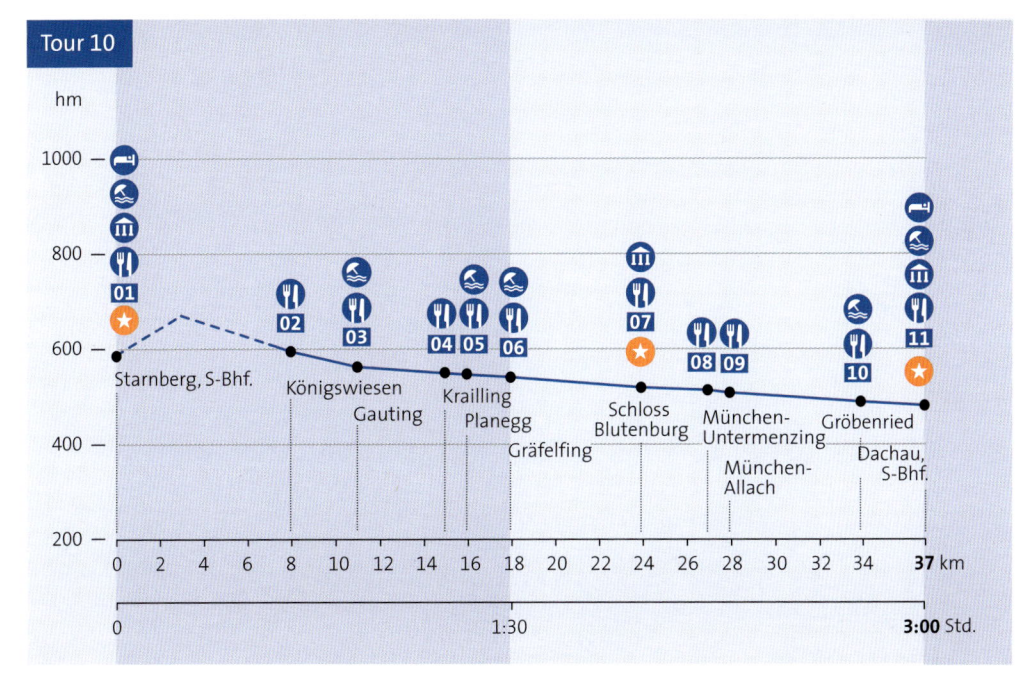

Starnberg – Gräfelfing / 18 km / 1:30 Std.

Start Wir starten am ⭐ **S-Bahnhof Starnberg** 01 🍴 🏛 🏊 🚗 und genießen erst einmal den Starnberger See, bevor wir uns auf die Radtour begeben. Danach wenden wir uns Richtung Stadtseite des Bahnhofs und radeln durch die „Maximilianstraße" zur „Josef-Jägerhuber-Straße". In ihr biegen wir rechts und an der „Leutstettener Straße" links ab. Wir müssen die „Münchner Straße" überqueren, fahren halblinks zur „Rheinlandstraße" und folgen dieser bis zur „Ferdinand-Maria-Straße". In ihr geht es bergauf zur „Josef-Sigl-Straße". Hier biegen wir links ein und gelangen zur Fachhochschule. Am Parkplatz schwenken wir links ab in die „Wernbergstraße", radeln zur „Schießstättstraße", biegen hier rechts ein und verlassen Starnberg. Im Wald radeln wir immer geradeaus, kommen zur **Herrgottskapelle**, kreuzen hier den Weg und stoßen auf die Kreisstraße. Ihr folgen wir nach

Der Starnberger See.

Stadtplan Starnberg

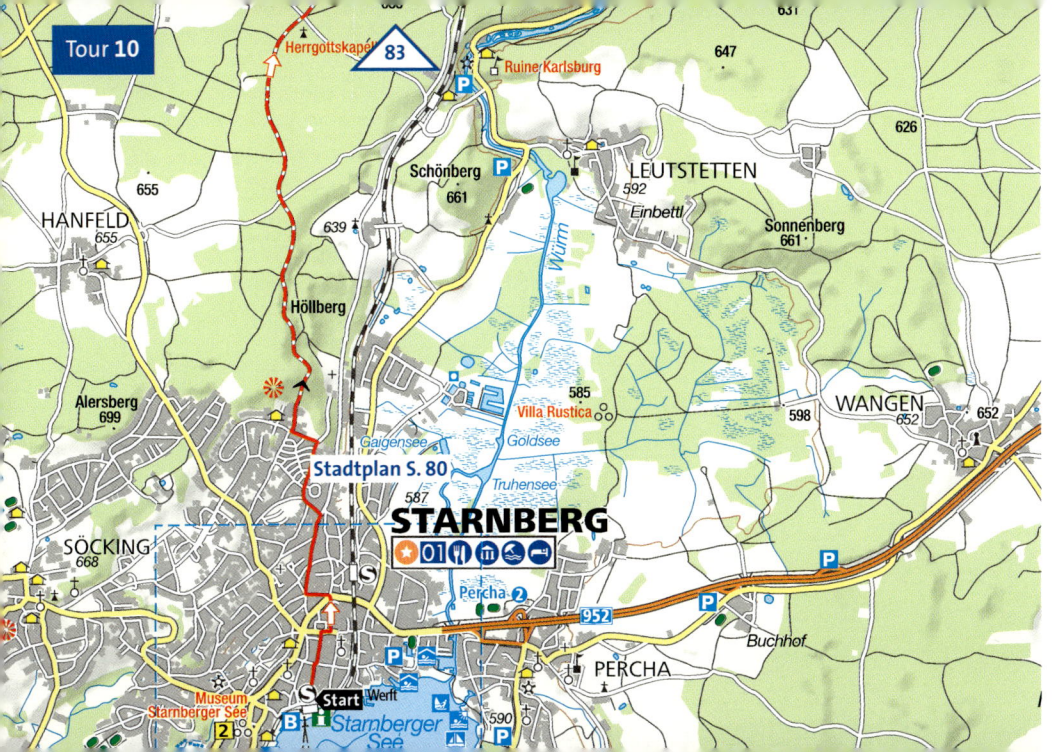

Königswiesen 02 🍴 hinein. Die „Hauserstraße" führt uns durch den Ort in die „Starnberger Straße". Wir radeln über die Straße zur **Reismühle** und über die Würmbrücke in die „Leutstettener Straße" in **Gauting** 03 🍴 🏊. Am Sportplatz entlang erreichen wir die „Münchner Straße". Wir biegen links ein, es geht über die Würm und gleich rechts in die „Grubmühlerfeldstraße". Auf ihr verlassen wir Gauting und fahren zur **Grubmühle**. An der Mühle biegen wir links ab, radeln in den Wald und biegen an der Wegekreuzung rechts ab nach **Stockdorf**. An der Kirche kommen wir in die „Waldstraße" und radeln bis zur „Bahnstraße". Nun rechts hinunter zum „Harmsplatz" und links ab in den „Mitterweg" in **Krailling** 04 🍴, der ab der „Pentenrieder Straße" „Margarethenstraße" heisst. Wir haben nun **Planegg** 05 🍴 🏊 am Schloss erreicht und radeln in der „Bräuhausstraße" am Freibad vorbei, kreuzen die „Germeringer Straße" halblinks in die „Georgenstraße" und gelangen zur

Tour 10 > Starnberg – Gräfelfing – Dachau

St.-Georgs-Kapelle auf der Würminsel. Wir haben **Gräfelfinger Stadtgebiet** 06 🍴 🏊 erreicht und biegen an der Tennisanlage rechts ab in die „Stefanusstraße".

Gräfelfing – Dachau / 19 km / 1:30 Std.

Wir queren die „Bahnhofstraße" und fahren weiter in der „Würmstraße" bis zum „Kirchweg". Hier biegen wir rechts ein und kommen zur Kirche an der „Lochhamer Straße". Gegenüber im „Paul-Eipper-Weg" radeln wir über die Autobahn in den **Pasinger Stadtpark** der Stadt **München**. Wir radeln durch den Stadtpark entlang der Würm und dem Fabrikkanal, sehen bald gegenüber das Klinikum, auf unserer Seite den Wassergraben des ehemaligen Wasserschlosses und gelangen zur „Institutstraße". Hier geht es nach links über die Würm und gleich rechts auf den schmalen Weg unter der Straßenbrücke hindurch. Ihm folgen wir wiederholt über die Würm zur „Ernsberger-

Gauting: Schloss Fussberg.

83

Stadtplan
Gräfelfing

straße". Wir biegen rechts ab, fahren wieder über die Würm und dann links in den „Hermann-Hesse-Weg". Bis zum ⭐ **Schloss Blutenburg** `07` 🚶🚋 folgen wir der Würm. Vor dem See fahren wir am Schloss links vorbei und an der Zufahrtsstraße wieder rechts durch die Unterführung der „Verdistraße". Gegenüber radeln wir in der Straße „An der Würm" weiter. An der „Dorfstraße" links, dann rechts in die „Faistenlohestraße" und an der „Mergenthaler Straße" links zur Würm. Am „Inselmühlweg" biegen wir links ab über die Fußgängerbrücke der „Von-Kahr-Straße". Nach links folgen wir dem Radweg zur „Behringstraße" am Parkfriedhof in **Untermenzing** `08` 🚶. Wir biegen rechts ein und radeln entlang der Würm bis nach **Allach** `09` 🚶. Ab dem „Paul-Ehrlich-Weg" heißt die Straße „Servetstraße". An der „Kleselstraße" halten wir uns halbrechts hinüber in die „Siberstraße" und radeln Richtung Karlsfeld. Wir stoßen auf die „Enterstraße", biegen links ab und gleich wieder

Schlosskapelle Blutenburg.

Stadtplan
München-Pasing

0   100 m

rechts in den „Schwarzhuberweg". Nach links folgen wir dem „Gündinger Weg" und fahren erneut links zum Umspannwerk. Hier kurz rechts,
dann links und weiter im „Gündinger Weg" Richtung **Gröbenried** 10 zur „Langwieder Straße". Wir biegen rechts ab und radeln entlang des
Gröbenbaches unter der B 471 hindurch nach

Schloss Blutenburg.

Tour 10
Langwied

MÜNCHEN

ALLACH
LANGWIED
LOCHHAUSEN
AUBING
UNTERMENZING
M-Obermenzing
Schloss Blutenburg
OBERMENZING
MOOSACH
Westfriedhof
Dantestadion
Dantebad
München Arena
Olympia-stadion
GERN
NYMPHENBURG
NEUHAUSEN
Pagodenburg
Schl. Nymphenburg
Apollotempel
Museum Mensch Natur
Marstallmuseum
Amalienburg
Badenburg

Kreuz M-West
M-Lochhausen

Dachau-Süd. Der „Langwieder Straße" folgen wir bis zur „Eduard-Ziegler-Straße", biegen rechts ab, dann links in die „Hermann-Stockmann-Straße" und radeln vor zur „Münchner Straße". Wir fahren links zur Kreuzung und biegen rechts ab in die „Bahnhofstraße" und radeln zum ⭐ **S-Bahnhof Dachau** 11 🍴 🏛 🏊 🚌 Ziel .

Die Maler in Dachau

Gegen Mitte des 19. Jahrhunderts entdeckten die Maler Dachau. Sie wollten heraus aus den Ateliers, wo sie bisher zurückgezogen von der Welt wirkten. Angezogen und fasziniert von der einmaligen Moorlandschaft mit ihren Farbnuancen und Lichtstimmungen zogen sie hinaus und malten ihre Motive unter freiem Himmel. Die Zeit der Freilichtmalerei war gekommen. Einer der ersten Maler, der die Schönheit der Landschaft um Dachau entdeckte, war Johann Georg von Dillis, dem viele weitere folgen sollten. So zum Beispiel der „Vater der Münchner Stimmungsmalerei", Eduard Schleich der Ältere. Er hat wiederholt den Blick vom Dachauer Schloss und Hofgarten in die weite Landschaft des Dachauer Moos festgehalten. Bald darauf kam auch Carl Spitzweg nach Dachau. Er malte hier in den Jahren 1850–70. Viele bekannte Bilder einstanden in dieser Zeit. So zum Beispiel der „Der Bücherwurm", den er um 1850 im Dachauer Schloss malte. Christian Morgenstern war einer der ersten Maler, der seinen festen Wohnsitz nach Dachau verlegte. Der Höhepunkt Dachaus als Künstlerort war von 1890–1914. Um 1900 sagte man, dass jeder zehnte Passant, dem man auf den Straßen begegnete, ein Maler war. Die Dachauer nahmen die vielen Maler freundlich auf und vermieteten ihre zu Ateliers umgebauten Dachkammern zu 5 Reichsmark im Monat. Mit dem Ausbruch des Ersten Weltkriegs endete diese schöne Zeit. Viele der jungen Maler mussten ins Feld, viele kehrten nicht zurück.

89

AUSFLUGSZIELE / SEHENSWÜRDIGKEITEN & EINKEHRTIPPS

⭐ Starnberg 01 🍴 🏛 🏊

Starnberg entwickelte sich im 19. Jahrhundert vom Fischerdorf am ehemaligen Würmsee zum bekanntesten Ort am Starnberger See. 1854 wurde die Eisenbahnstrecke von München nach Starnberg eröffnet und machte Starnberg zu einem immer beliebteren Ausflugsziel der Münchner. Stadt wurde Starnberg erst 1912. Alles begann aber sehr viel früher mit dem Bau einer Kapelle und einer Burg der Grafen von Andechs-Meranien auf dem heutigen Stadtgebiet. 1226 wird eine Siedlung „Starnbergk" beurkundet und die Burg Starnberg als „Starnberch Castrum" erwähnt. Die Burg wird 1246 von den Wittelsbachern erobert und zu einem Jagdschloss umgebaut. Etwa 1565 wurde das Sommerschloss der Wittelsbacher erbaut. In diesem Zeitraum beginnt unter Albrecht IV. die Schifffahrt auf dem See. Höhepunkt waren die Fahrten des kurfürstlichen Prunkschiffes „Bucentaur" auf dem Starnberger See. Seit 1851 verkehrt das erste Dampfschiff, die „Maximilian". Heute fährt die Bayerische Seenschifffahrt mit ihren Motorschiffen von Ostersonntag bis Ende Oktober auf dem Starnberger See.

Schifffahrt auf dem Starnberger See..

⭐ Schloss Blutenburg 07 🍴 🏛

In den 30er Jahren des 15. Jahrhunderts ließ Herzog Albrecht III. die etwa 10 km von seiner Residenz entfernte „Pluedenburg" an der Würm zu einem Landsitz ausgestalten. 1467 verzichtete sein Nachfolger, Herzog Sigismund, zugunsten seines Bruders Albrecht IV. auf die Regierung und zog sich in die Blutenburg zurück, die ab 1488 eine Kirche mit kostbarer spätgotischer Ausstattung erhielt. 1501 starb Herzog Sigismund in der Burg. Die Wasserburg des 15. Jahrhunderts prägt noch heute die Struktur der Anlage mit einer türmebewehrten Hauptburg um ein Turmhaus (in dem Herzog Albrecht III. mit Agnes Bernauer zusammenlebte) und einer geräumigen Vorburg, die von der Schlosskirche beherrscht wird.

⭐ Dachau 11 🍴 🏛 🏊 🚴

Die Edle Erchana aus dem Grafengeschlecht der Aribonen schenkte ihren gesamten Grundbesitz in „Dahuua" dem Bistum Freising. Das Schenkungsdokument ist die erste Urkunde, in der Dachau erwähnt wird. Die günstige Lage am Handelsweg von München nach Augsburg brachte der Siedlung nicht nur Wohlstand und die Marktrechte, sondern auch Krieg und Krankheiten.

Um 1100 wurde auf dem Giglberg bei Mitterndorf die erste Burg der Grafen von Dachau erbaut. Die Linie der Grafen endete kinderlos, die Grafschaft fiel an die Wittelsbacher. Ende des 14. Jahrhunderts wurde die Burg zerstört und später auf dem 504 m hohen Dachauer Schlossberg durch das Renaissanceschloss mit Hofgarten ersetzt. Das Schloss wurde zum bevorzugten Landsitz des Münchner Hofes. Besonders Kurfürst Max Emanuel zog es nach Dachau, er ließ den Saaltrakt im barocken Stil umgestalten.

🏛 **Schlossgarten Dachau** Alte Gartenmauern, ein barocker Laubengang aus Linden, ein Obstgarten und ein kleines Wäldchen zeugen von den verschiedenen Epochen der Gartenkunst, die der Hofgarten des Schlosses Dachau seit dem 16. Jahrhundert durchlaufen hat. Seine reizvolle Lage auf einem Höhenrücken bietet einen grandiosen Panoramablick bis hin zur Gebirgskette der Alpen.

🏛 Zahlreiche Sehenswürdigkeiten zieren die malerische **Altstadt** von Dachau. Die **Pfarrkirche St. Jakob** überragt mit ihrem 44 m hohen Turm weithin sichtbar die Dachauer Altstadt. Das **Bezirksmuseum** zeigt die Kulturgeschichte der Stadt und des Landkreises.

🏛 **Umwelthaus Obergrashof**
Ein Erlebnispunkt im Dachauer Moos ist die Umweltstation Obergrashof im Gutshof Obergrashof. Sie ist ein Regionalprojekt der BUGA 2005 und Ausgangspunkt für Führungen und Erkundungen im Dachauer Moos.

Tourismusinformation siehe ab S. 137
Übernachtungsverzeichnis siehe ab S. 140

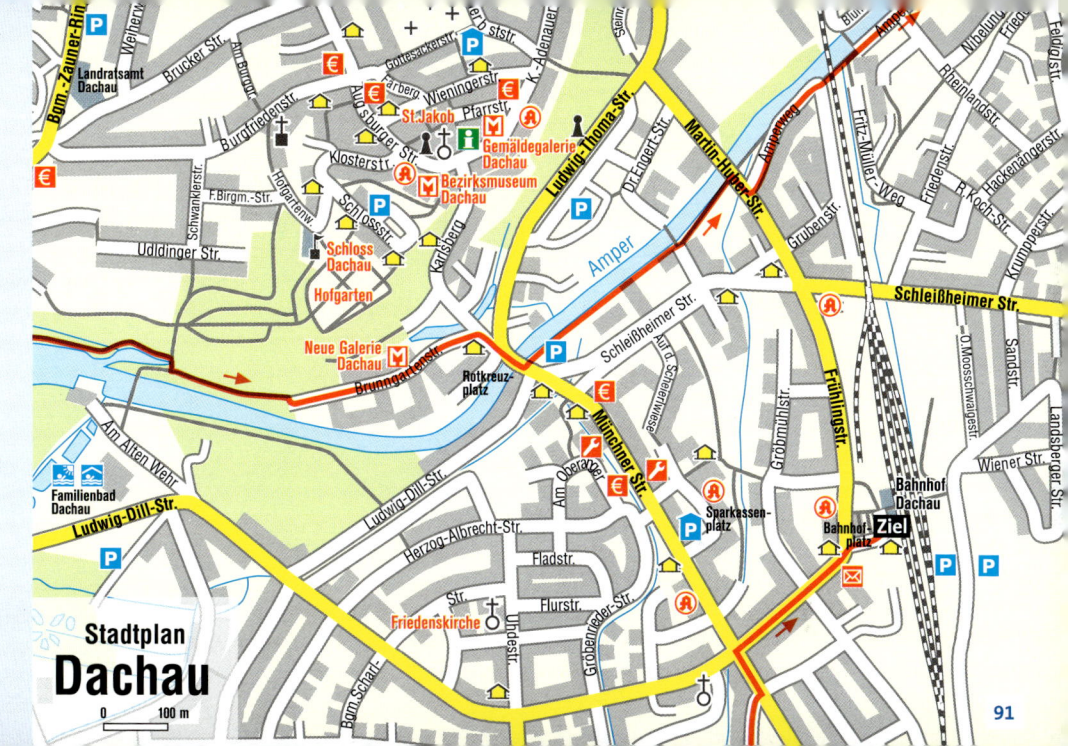

Tour 10 > Starnberg – Gräfelfing – Dachau

Stadtplan **Dachau**

Tour 11

Hohenbrunn – Grasbrunn – Dürrnhaar – Hohenbrunn
Durch den Höhenkirchener Forst

34 km | **2:30 Std.** | **55 hm** | **55 hm**

GPS-Koordinaten / Start
UTM   x: 701.100 m
Zone 32   y: 5.325.070 m

Übersicht

Startort: Hohenbrunn
Start/Ziel: S-Bahnhof Hohenbrunn, S7 (570 m)
Charakter: Diese Radtour führt uns auf Wegen mit losem Untergrund ohne nennenswerte Steigungen durch ausgedehntes Waldgebiet. Im Bereich der kleinen Orte sind die Wege asphaltiert
Verkehr: Mit höchstens geringem Autoverkehr haben wir in den kleinen Orten an dieser Route zu rechnen

Tipp: Wer es einrichten kann, sollte seine Radtour so planen, dass er zum Leonhardifest am Wochenende nach dem 8. Juli in Siegertsbrunn ist: Prachtvoll geschmückte Reiter, Rösser und Kutschen werden gesegnet und gehen dann auf einen Umzug durch den Ort.

Ausflugsziele / Sehenswürdigkeiten & Einkehrtipps siehe S. 97

Tour 11

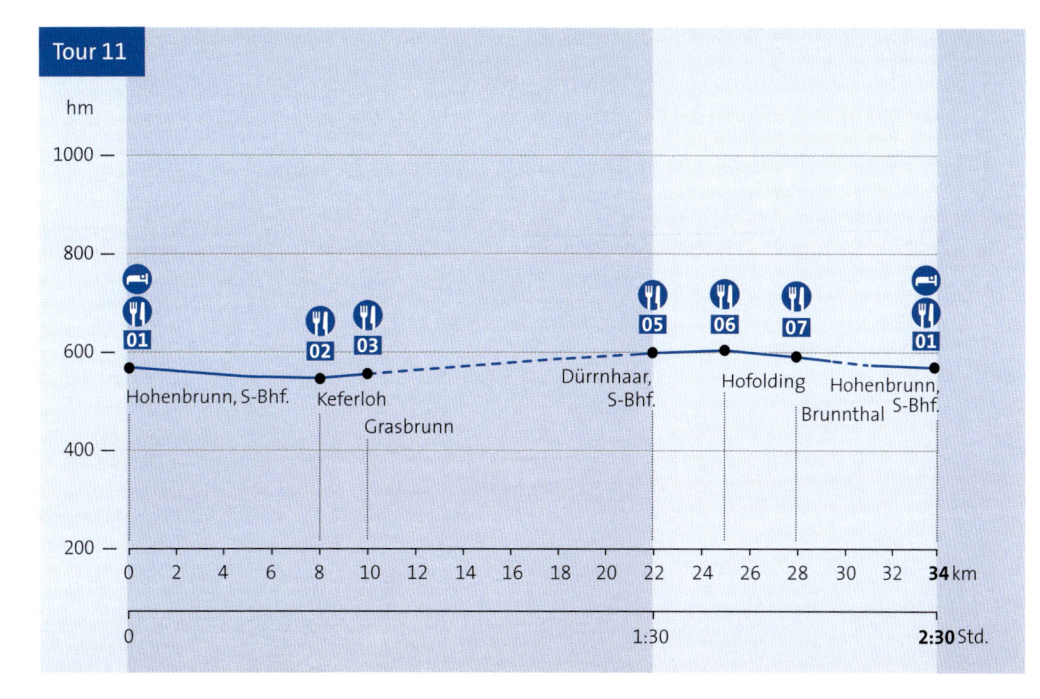

Hohenbrunn – Dürrnhaar / 22 km / 1:30 Std.

Start Den **S-Bahnhof Hohenbrunn** 01 verlassen wir an der „Bahnhofstraße" links, und radeln parallel zu den Gleisen vor zur „Taufkirchner Straße". Wir fahren rechts in den Ort zum Rathaus, hier links in die „Jäger-von-Fall-Straße", am Friedhof vorbei und über die Autobahn in den „Notinger Weg" nach **Riemerling**. An der „Ottostraße" rechts bis zur „Theodor-Heuss-Straße". Nun biegen wir links ein, an den Behindertenwerkstätten vorbei, queren die „Ottobrunner Straße" und radeln auf der „Oedenstockacher Straße" über die „Münchner Straße" hinweg nach **Oedenstockach**. Wir folgen der „Keferloher-Markt-Straße" durch den Ort nach **Solalinden** und erreichen danach **Keferloh** 02. Nach der Tennisanlage halten wir uns rechts, dann links zur Kirche. Am Gasthaus Kreitmair können wir rasten, oder wir radeln weiter durch die Straßenunterführung auf die andere Seite der Straße, durch das Keferlo-

Tour 11 > Hohenbrunn – Grasbrunn – Dürrnhaar – Hohenbrunn

93

her Holz Richtung **Grasbrunn** 03 🍴. Ein Stück an der Autobahn entlang, dann links abbiegen und unter der Autobahn hindurch nach Grasbrunn hinein zum „St.-Ulrich-Platz" in die Ortsmitte. Hier rechts einbiegen in die „Ekkehartstraße", dann radeln wir geradeaus zur Kapelle am „Mayrhäusl" an der Staatsstraße. Schräg gegenüber am Wanderparkplatz beginnt das **„Grasbrunner Geräumt"**, in das wir nun einbiegen. Diese kilometerlange Schneise führt uns, immer leicht bergauf, in den Höhenkirchener Forst. An der Verkehrsstraße radeln wir hinüber, weiter im „Grasbrunner Geräumt" und gelangen an das „Siegertsbrunner Geräumt". Wer einen Abstecher nach ⭐ **Siegertsbrunn** 04 🏛 machen möchte, biegt hier rechts ab. Wir radeln geradeaus weiter, queren die Straße nach Egmating und stoßen auf das **„Dürrnhaarer Geräumt"**. Hier fahren wir rechts nach **Dürrnhaar** 05 🍴, am S-Bahnhof Dürrnhaar vorbei und vor zur „Ayinger Straße". Kurz links, dann rechts nach **Faistenhaar**.

Dürrnhaar – Hohenbrunn / 12 km / 1:00 Std.

Von der „Dürrnhaarer Straße" biegen wir rechts in die „Ottobrunner Straße" ein, dann links in die „Tannenstraße" und erreichen **Hofolding** 06 . Von der „Fichtenstraße" biegen wir in die „Höhenkirchener Straße" ein, gelangen an die „Brunnthaler Straße" und radeln nach rechts auf dem Radweg entlang der Straße nach **Brunnthal** 07 . In Brunnthal halten wir uns links zur Kirche St. Nikolaus, biegen dahinter rechts in die „Englwartinger Straße" ein und folgen ihr nach **Englwarting**. Am Waldrand hinter Englwarting radeln wir rechts durch den Wald über den Golfplatz nach **Kirchstockach**. Hier fahren wir links zur Kirche, dann rechts in die „Taufkirchner Straße" und vor zur „Rosenheimer Landstraße". Gegenüber im „Kirchstockacher Weg" radeln wir nach Hohenbrunn und biegen gleich hinter der Bahn links ab zum **S-Bahnhof Hohenbrunn** 01 Ziel.

Tour 11
580
582
Englwarting
95
Höhenkirchen-
-Siegertsbrunn
04
St. Leonhard
96
Oberpframmer
Tal
Neuorthofen
Orthofen
587
Brunnthal
07
Sisi-Straße
Egmating
Dürrnhaar
05
600
Dürrnhaarer Geräumt
8
602
E45
E52
Hofolding
06
Faistenhaar
Hofoldinger Forst

AUSFLUGSZIELE / SEHENSWÜRDIGKEITEN & EINKEHRTIPPS

Hohenbrunn 01

Ad prunna – zu den Quellen – wurde vor langer Zeit einmal die Siedlung Hohenbrunn genannt, in der, wohl aus Ermangelung an fließenden Gewässern, das Wasser tief aus der Erde geschöpft werden musste. Auch die Ortsnamen Marchwartsbrunn und Sigohoesprunnan – so hießen die Orte Höhenkirchen und Siegertsbrunn im 11. Jahrhundert –, deuten auf Brunnen hin, die noch heute funktionsfähig sind.

Siegertsbrunn 04

Leonhardifest in Siegertsbrunn. Seit Jahrhunderten findet am ersten Sonntag nach Kilian (am 8. Juli) das Leonhardifest in Siegertsbrunn statt. Zu Ehren des hl. Leonhards wird ein dreitägiges Fest mit Wallfahrt am Samstag und Segnungen von Rössern, Kutschen und Reitern am Sonntag abgehalten. Die Wallfahrtskirche liegt am Südrand des Dorfes. Die Erbauung wird den Wittelsbachern zugeschrieben. Die Wallfahrt begann im 16. Jahrhundert und ist heute eine der ältesten und bedeutendsten ihrer Art in Altbayern.

Tourismusinformation siehe ab S. 137
Übernachtungsverzeichnis siehe ab S. 140

Gasthof mit Biergarten in Keferloh.

Tour 11 > Hohenbrunn – Grasbrunn – Dürrnhaar – Hohenbrunn

Tour 12 > Wolfratshausen – Grünwald – München

Tour 12

Wolfratshausen – Grünwald – München
Auf den Spuren der Flößer

37 km | 2:30 Std. | 82 hm | 144 hm

GPS-Koordinaten / Start
UTM   x: 681.330 m
Zone 32   y: 5.309.590 m

Startort:	Wolfratshausen
Start:	S-Bahnhof Wolfratshausen, S7 (573 m)
Ziel:	München, S-Bahnhof Marienplatz, S1-S8 (516 m)
Charakter:	Eine Radtour entlang der Isar flussabwärts auf teilweise asphaltierten Wegen und einer kräftigen Steigung hinter Mühlthal aus dem Isartal hinauf
Verkehr:	In Wolfratshausen, Grünwald und im Altstadtgebiet von München ist mit regem Autoverkehr zu rechnen. Nicht immer finden wir dort auch Radwege vor

Tipp: Wer etwas Zeit mit bringt, sieht möglicherweise am Gasthaus Mühlthal ein Floß die Floßrutsche hinunterrutschen. Ein feucht-fröhliches Erlebnis!

Ausflugsziele / Sehenswürdigkeiten & Einkehrtipps siehe S. 108–110

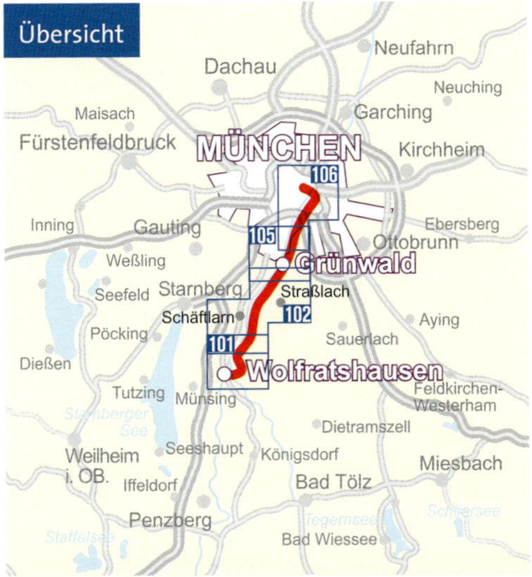

Übersicht

Tour 12

hm

- 1000
- 800
- 600
- 400
- 200

| 01 Wolfratshausen, S-Bhf. "Aujäger" | 02 "Aujäger" | 03 Aumühle Dürnstein "Bruckenfischer" | 04 | 06 Mühlthal "Zur Mühle" | 07 Grünwald | 08 München, Tierpark | 09 München, Maximilianeum | 10 München, S-Bhf. Marienplatz |

0 2 4 6 8 10 12 14 16 18 20 22 24 26 28 30 32 34 37 km

0 — 1:30 — 2:30 Std.

Tour 12 › Wolfratshausen – Grünwald – München

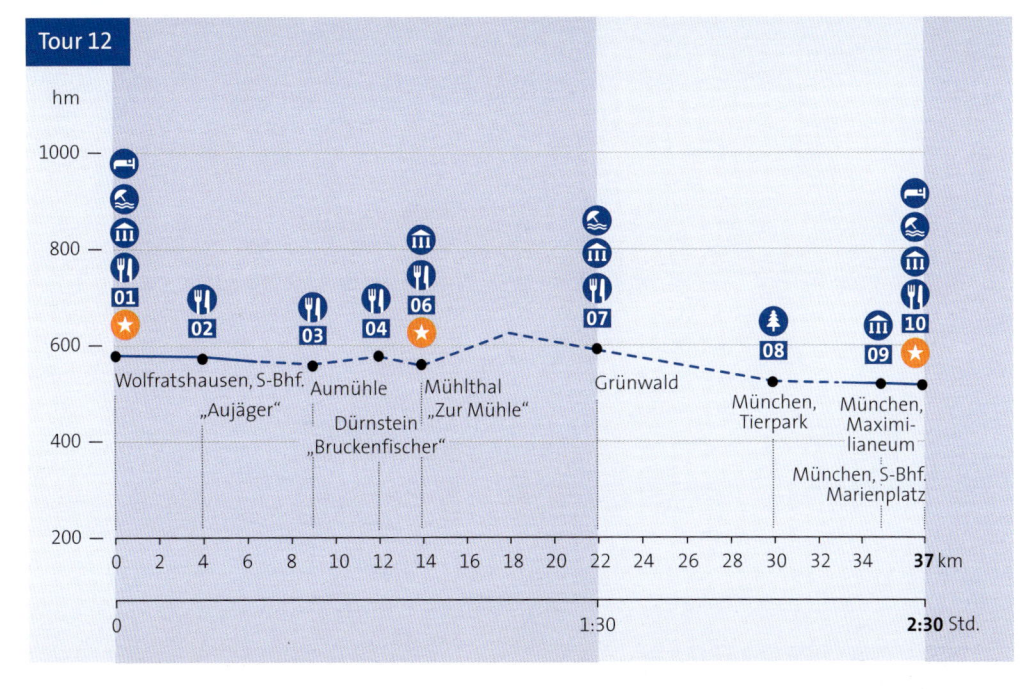

Wolfratshausen – Grünwald / 22 km / 1:30 Std.

Start Bevor wir uns auf den Weg nach München machen, radeln wir noch kurz durch die schöne Altstadt der Flößerstadt Wolfratshausen. Wir verlassen den ★ **S-Bahnhof Wolfratshausen** 01 und radeln geradeaus auf der „Bahnhofstraße" über die Loisachbrücke zum „Untermarkt" in die **Altstadt**. Wir biegen links ein, fahren über den „Marienplatz" und den „Obermarkt" und links haltend zurück über die Loisach zum **Bahnhof**. Jetzt geht es geradeaus über die Gleise, auf der „Sauerlacher Straße" am Friedhof vorbei, aus Wolfratshausen hinaus über die Isarbrücke zum **Gasthaus Aujäger** 02. Links schwenken wir von der Brücke zum Gasthaus ein und halten uns danach links zur „Wehrbaustraße". Jetzt radeln wir durch das Naturschutzgebiet der **Pupplinger Au** zum Ickinger Wehr an die Isar. Am Wehr und der Schleuse vorbei erreichen wir bald die **Aumühle** 03. Den Isarwehrkanal linker Hand gelangen

99

Wolfratshausen

Die Abgrenzung eines Jagdgebietes in „Wolueradeshusun" wurde am Regensburger Hof am 30. Juni 1003 von König Heinrich II. beurkundet. So wurde der Ort Wolfratshausen nachweislich erwähnt. Die Grafen von Wolfratshausen errichteten 1116 ihre Burg zwischen Loisach und Isar. Die Flößerei auf der Isar und Loisach brachte der Stadt Wohlstand. So verwundert es nicht, dass in Wolfratshausen ab 1280 ein öffentlicher Markt abgehalten werden durfte. In der Zeit der Stadtgründungen von München, Freising und Landshut durch die bayerischen Herzöge wurden große Mengen von Holz in jeder Form sowie Steine, Kalk und anderes Material auf der Isar transportiert. Das brachte das waldreiche und gebirgige Oberland gut ins Geschäft. Herzog Albrecht IV., der Weise genannt, fürchtete jedoch um die Waldbestände in Tölz und erließ 1476 ein Landgebot zum

Schutz der Junghölzer. Allein für den Bau des Dachstuhles der Frauenkirche in München wurden etwa 630 Festmeter Rundholz verarbeitet. Als in Mittenwald ab 1687 die venezianischen Kaufleute ihren „Bozener Markt" abhielten und ihre „welschen" Waren wie Südfrüchte, Gewürze, Baumwolle, Samt und Seide feilboten, wurden die erworbenen Waren auf Flößen bis nach Wien transportiert. Nur gezunftete Flößer mit langjähriger Erfahrung, ehrbarem Namen, Besitz und Ehestand konnten Floßmeister werden. Die Flöße aus dem Isarwinkel und dem Loisachtal machten an der „Unteren Lände" in München fest, etwa beim Deutschen Museum. Gestellte Ländhüter wiesen die Flößer zu ihren Anländestellen. War die Ladung übergeben worden und das Floß verkauft, machten sich die Flößer mit voller „Geldkatz" am Bauch und geschulterter Floßhack auf den Weg zurück zu ihrem Heimatort. Je nach Wasserstand benötigte ein Floß etwa 6 Stunden von Wolfratshausen nach München.

Tour 12 > Wolfratshausen – Grünwald – München

wir nach **Dürnstein**, an der Brücke zum Kloster Schäftlarn. Wer zum **Gasthaus Bruckenfischer** 04 🅟 möchte, muss über die Brücke radeln. Das **Kloster Schäftlarn** 05 🅟 🏛 erreicht man nach weiteren 1,5 km. Wir bleiben aber auf dieser Flussseite, fahren kurz auf die Staatsstraße und dann weiter geradeaus auf der „Kanalstraße" an der

Die Floßrutsche am Gasthaus „Zur Mühle".

Isar entlang nach **Mühlthal**. Wer möchte, kann im ⭐ **Gasthaus „Zur Mühle"** 06 🍴🛏 rasten und sieht eventuell ein Floß die längste Floßrutsche Deutschlands hinunterfahren. Unser Radweg biegt wenige Meter vor Mühlthal rechts ab und führt vorbei an der **Kapelle** hinauf Richtung Straßlach. Nach 400 m biegen wir links ab in den Wald und folgen dem Weg bergauf. Wir stoßen auf einen breiten Weg und folgen ihm nach rechts hinauf an den Waldrand. Hier halten wir uns links zur **Siedlung Frundsbergerhöhe** und radeln am Waldrand an ihr vorbei, geradewegs in den Grünwalder Forst hinein. Der „Mühlweg" führt nun direkt nach **Grünwald** 07 🍴🛏⛴.

Grünwald – Marienplatz München / 15 km / 1:00 Std.

Wir halten uns links, fahren am Waldfriedhof vorbei in die Ortsmitte auf den „Marktplatz" zu. An der Kreuzung halten wir uns halblinks, radeln in die „Rathausstraße" hinein und folgen ihr zur **Burg Grünwald**. Hier heißt die Straße „Zeillerstraße" und führt uns zum Biergarten. Vor ihm gehen wir die schmale Schlossleite hinunter in das **Tal der Isar**. Die Talenge am Georgenstein haben wir umgangen und radeln entspannt Richtung Großhesseloher Bahnbrücke. Hier fahren wir bereits auf Münchner Stadtgebiet und gelangen an den Steg, der zur Marienklause und zur **Floßlände** am anderen Ufer führt. Wir radeln geradeaus am **Tierpark Hellabrunn** 08 🔹 vorbei zur Thalkirchner Brücke an den Eingang zum Tierpark. Weiter folgen wir dem Isarufer am Freibad Schyrenbad entlang zur „Corneliusbrücke" am **Deutschen Museum**. Ab hier radeln wir auf der „Eduard-Schmid-Straße" zur „Ludwigsbrücke" am **Müllerschen Volksbad** mit dem tollen Biergarten. Unter der „Ludwigsbrücke" hindurch fahren wir auf dem schmalen Steg zum **Maximilianeum** 09 🏛. Hier radeln wir erst unter der Brücke hindurch und dann rechts hinauf. Auf der

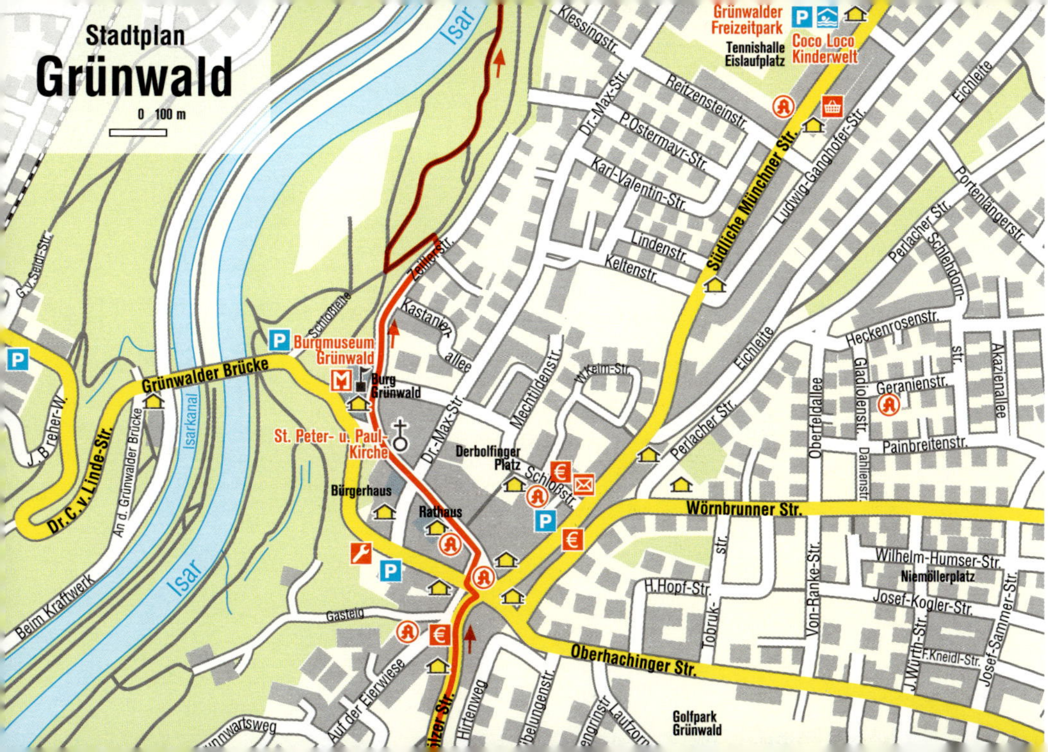

Tour 12

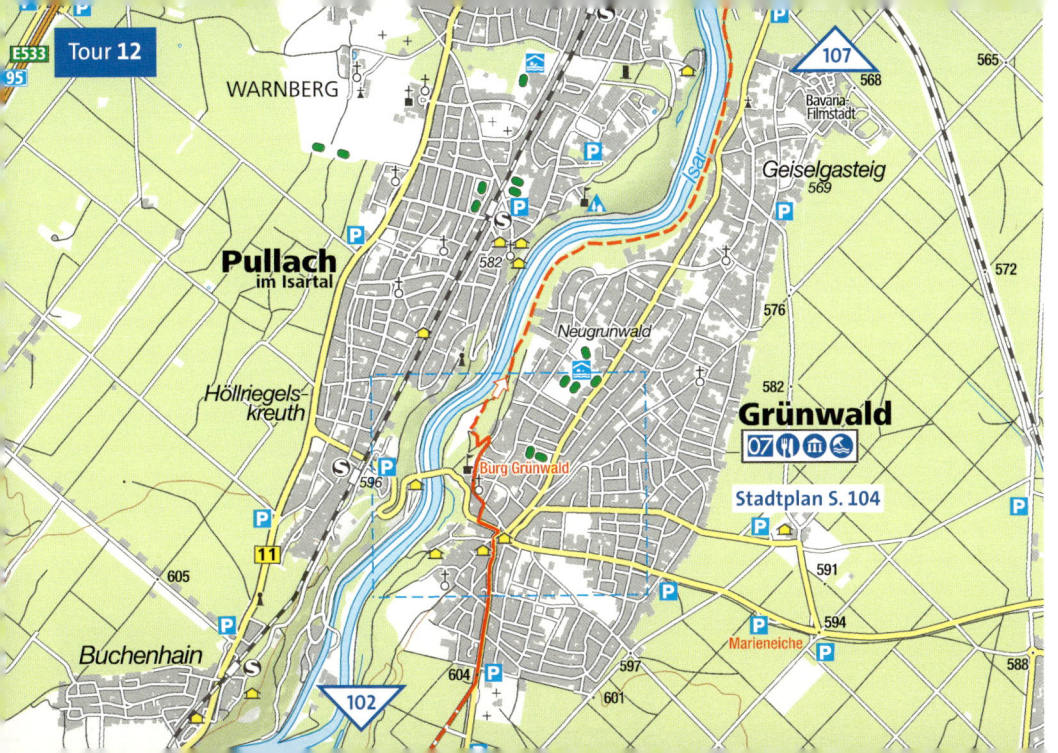

„Maximilianstraße" fahren wir über die Praterinsel und gelangen zur **Residenz** und zum **Nationaltheater** am „Max-Josef-Platz". Hier biegen wir links ab in die „Dienerstraße", die uns zum „Marienplatz", dem Neuen Rathaus, zum Viktualienmarkt, zur Frauenkirche und zum ⭐ **S-Bahnhof Marienplatz** 10 🍴 Ⓜ 😊 🚌 bringt Ziel.

Das Maximilianeum.

105

München

Die erste Erwähnung Münchens erwuchs aus einem Streit zwischen Bischof Otto von Freising und Heinrich dem Löwen, Herzog von Bayern und Sachsen, vor Kaiser Barbarossa am Reichstag zu Augsburg. Heinrich der Löwe hatte nahe einer Niederlassung bei den Mönchen — „München" — eine Brücke über die Isar am Platz der heutigen Ludwigsbrücke errichtet. Bisher führte der Salzhandel über die Brücke bei Oberföhring, die jedoch dem Bistum Freising gehörte und profitable Einnahmen brachte. In einem Gewaltstreich zerstörte Heinrich der Löwe die Brücke, um selbst vom Salzhandel nach Augsburg zu profitieren. Im Augsburger Schied nun wurde München das Markt-, Münz- und Zollrecht mit der Brücke und dem Salzhandel zugesprochen. Die Freisinger Bischöfe waren jedoch auch danach an den Erträgen beteiligt und erhoben bis Mitte des 19. Jahrhunderts Gebühren für die Nutzung der Isarbrücke.

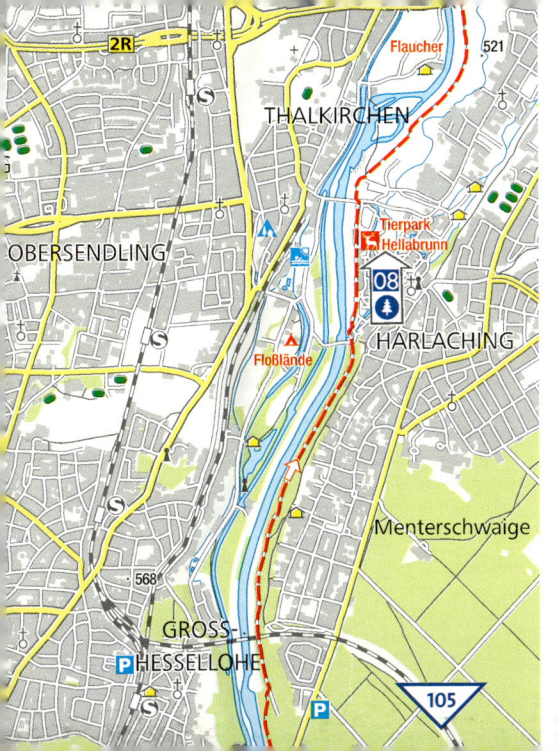

Im ersten Münchner Stadtsiegel von 1239 wird ein Mönchskopf mit Zipfelmütze gezeigt, ab 1394 ein aufrecht stehender Mönch mit Segenshand und Gebetbuch. Durch missverständliche Darstellungen wurde der Mönch später als Kind gedeutet und so zum „Münchner Kindl".

Heinrich der Löwe wurde 1180 vom Kaiser geächtet, sodass Bayern an die Wittelsbacher und München an das Bistum Freising fielen. Die beiden Wittelsbacher Brüder Heinrich und Ludwig teilten sich 1255 das Herzogtum Bayern. Es entstanden ein Teilherzogtum Niederbayern mit dem Hauptort Landshut und Oberbayern mit dem Hauptort München. Herzog Ludwig wurde 1314 deutscher König und 1328 zum Römisch-Deutschen Kaiser gekrönt. München war nun seine Residenz und wurde mit einem zweiten Mauerring befestigt. Zu dieser Zeit übernahm München in seinem Wappen die Farben des Reiches: Schwarz und Gold. Herzog Albrecht IV. setzte 1506 die Wiedervereinigung von Bayern durch und machte München zur Hauptstadt ganz Bayerns. 1741 wurde München in den Erbfolgekrieg Bayerns mit Österreich einbezogen und von den österreichischen Truppen besetzt. Obwohl München seit 1328 kaiserliche Residenzstadt war, begann der Aufstieg zur Großstadt erst im 18. Jahrhundert. Seine Einwohnerzahl wuchs ab dem Jahre 1700 mit 24.000 Einwohner auf 170.000 im Jahr 1871. In der Regierungszeit von König Ludwig I., einem der größten deutschen Kunstförderer, den man auch als den „Schöpfer des neuen München" bezeichnet, wurden die Universität in der Ludwigstraße, der Odeonsplatz, der Königsplatz und die Residenzbauten am Hofgarten, die Alte und die Neue Pinakothek, viele Kirchen, die Feldherrnhalle, das Siegestor und die Ruhmeshalle mit der Bavaria über der Theresienwiese errichtet. Sein Sohn Max II. förderte die Geisteswissenschaften, ließ aber auch die Häuser an der Maximilianstraße errichten, heute eine der exklusivsten Einkaufsstraßen des Kontinents.

Tour 12 > Wolfratshausen – Grünwald – München

AUSFLUGSZIELE / SEHENSWÜRDIGKEITEN & EINKEHRTIPPS

⭐ **Wolfratshausen, die Flößerstadt** `01` 🍴 🏛 🏊 �

🏛 Die **Pfarrkirche St. Andreas** ist die erneuerte Kirche von 1484. Mitte des 17. Jahrhunderts wurde sie im Stil des frühen Barock renoviert. Geschmückt wird sie durch den weiß-goldenen Hochaltar mit seinen weinlaubbekränzten Säulen. Die Marktstraße in der Altstadt mit ihren bemalten Bürgerhäusern ist sehenswert.

🟦 Die **Pupplinger Au**, ein ausgedehnter Auwald vor den Toren Wolfratshausens, wurde 1901 unter Naturschutz gestellt und ist Teil des Naturschutzgebietes Isarauen zwischen Bad Tölz und Schäftlarn.

🏛 **Floßfahrten** auf der Isar durch die Wildflusslandschaft der Pupplinger Au nach München sind heute ein feucht-fröhliches Erlebnis. Mit Musik, zünftiger Brotzeit und Bier vom Fass geht die Fahrt über sieben Floßrutschen die Isar hinunter. Die Floßrutsche am Mühltal ist mit 360 m die längste: Hier werden 18 Höhenmeter überwunden. Der Georgenstein (möglicherweise ein historisches Relikt einer Römerbrücke) ist die Attraktion jeder Floßfahrt. Jeder Floßfahrer zollt diesem Felsen seinen Respekt.

Neues Rathaus am Marienplatz.

⭐ **München** `10` 🍴 🏛 🏊 🚐

🏛 Der **Marienplatz** im Zentrum von München bekam ab 1481 seine rechteckige Form, seinen Namen „Marienplatz" erhielt er jedoch erst 1854 nach der Mariensäule, die hier steht. Vorher hieß er einfach Markt, später auch Schrannenplatz, da dort der Salz-, Wein- und Getreidemarkt stattfanden. Heute schlägt hier nicht nur das Herz der Stadt, sondern auch das Glockenspiel: Um 11 Uhr und 12 Uhr, im Sommer auch um 17 Uhr, drehen sich die Figuren im Turm des Neuen Rathauses.

🏛 Das **Alte Rathaus** wurde 1470 zunächst als Tanzhaus gebaut. Es riegelte den Marienplatz zum Tal hin ab. Im Obergeschoss befindet sich der Festsaal, im Untergeschoss lag früher das Stadtgefängnis. Im Turm selbst hat heute das Spielzeugmuseum seine Räume.

🏛 Das **Neue Rathaus** wird von 1867 bis 1908 in drei Abschnitten errichtet. An seinem 85 m hohen Turm wurde 6 Jahre lang gebaut, bis ein Glockenspiel mit 43 Glocken eingerichtet werden konnte. Dieses zeigt Szenen aus der Stadtgeschichte: oben das Turnier bei der Hochzeit Herzog Wilhelm I., unten den Schäfflertanz. Den Rathausturm kann man besteigen.

🏛 Die **Frauenkirche**, der Dom „zu Unserer Lieben Frau", ist mit ihren weithin sichtbaren Kuppelhauben das unverwechselbare Wahrzeichen der Stadt. Schon

1240 errichteten die Wittelsbacher am Rande ihrer Residenz eine Kirche, die 1271 vom Freisinger Bischof Konrad zur Pfarrkirche geweiht wurde. Jörg von Halsbach wurde für einen repräsentativen Neubau der Kirche als Baumeister gewonnen. Zur selben Zeit schuf er auch das Alte Rathaus. Die Grundsteinlegung erfolgte 1468 durch Herzog Sigismund und Bischof Tulbeck. Seit 1821 ist die Kirche Metropolitankirche des Erzbistums München-Freising.

◼ Der **Alte Peter** (St. Peter) steht südlich des Marienplatzes. Seinen 91 m hohen Turm kann man ebenfalls besteigen. Von oben genießt man einen einzigartigen Blick über die Altstadt.

◼ Die **Theatinerkirche** ist ein Stück Rom in München. Die Grundsteinlegung der Kirche St. Kajetan des Ordens der Theatiner am Ende der heutigen Theatinerstraße erfolgte 1663. Die Basilika ist eine barocke Kirche mit vielen Schnitzereien.

◼ Die **Residenz** war bis 1918 der Sitz der Wittelsbacher, sie zählt zu den großartigsten Schlossanlagen Europas. Im Innern befinden sich das Residenzmuseum und die Schatzkammer. Sieben Innenhöfe umschließt das Gebäude, dem erst Ludwig I. die heutige Fassade gab.

◼ Der **Hofgarten** neben der Residenz ist einer der schönsten fürstlichen Renaissancegärten nördlich der Alpen. Von dort genießt man einen herrlichen Blick auf die Theatinerkirche.

◼ Der **Viktualienmarkt** hat sich vom ursprünglichen Bauernmarkt zum beliebten Marktplatz für Feinschmecker entwickelt. Er war früher der zentrale Lebensmittelmarkt der Stadt, der Marienplatz dagegen vor allem ein Handelsmarkt. Zur Faschingszeit führen hier die Schäffler (Fassmacher, Böttcher), den Schäfflertanz auf – ein alter Handwerksbrauch.

◼ Das **Hofbräuhaus** wurde 1589 von Herzog Wilhelm V. für das Brauen von braunem Bier gegründet. Bis dahin bezog der Herzogshof das Bier von bürgerlichen Bierbrauern in der Stadt oder aus der berühmten Bierstadt Einbeck in Niedersachsen. Am Platzl, wo das weltberühmte Hofbräuhaus heute noch steht, wurde 1602 das weiße Bräuhaus für das Brauen von Weißbier eingerichtet. Beide Brauhäuser wurden 1808 vereinigt. Den Brauereibetrieb verlegte man 1890 aus der Innenstadt hinaus. Heute ist das Hofbräuhaus eine Gaststätte mit schönem Biergarten.

◼ Den Grundstein für den Bau des **Maximilianeums** legte König Max II. 1857. Nach dessen Fertigstellung 1874 wurde hier die Studienstiftung untergebacht, seit 1949 tagt hier der Bayerische Landtag.

Der Englische Garten feierte 1989 seinen 200. Geburtstag. Der bayerische Kurfürst Carl Theodor beauftragte

Hofbräuhaus.

Tour 12 > Wolfratshausen – Grünwald – München

seinen Kriegsminister Benjamin Thompson, den späteren Grafen Rumford, auf dem Hirschanger einen Militärgarten anzulegen. Per Dekret wurde der Militärgarten später zum öffentlichen Volksgarten. Er bietet heute schöne Wanderwege, Liege- und Spielwiesen und gemütliche Biergärten.

🏛 **Schloss Nymphenburg** wurde als Sommerresidenz der bayerischen Kurfürsten erbaut. Kurfürst Max Emanuel ließ die Landvilla seiner Mutter Henriette Adelaide zu dieser weitläufigen Schlossanlage ausbauen. Angetrieben vom Fürsten, arbeiteten Künstler vor allem aus Frankreich und Flandern am Ausbau des Schlosses. Die Baumeister Barelli und Zuccalli begannen 1664 mit dem Bau des Mitteltraktes. Es folgten die Galerien, die vier Pavillons, die Orangerie und das Kloster. Besuchenswert sind zudem das Marstallmuseum und das Museum Mensch und Natur.

Tourismusinformation siehe ab S. 137
Übernachtungsverzeichnis siehe ab S. 140

Der Hofgarten In München.

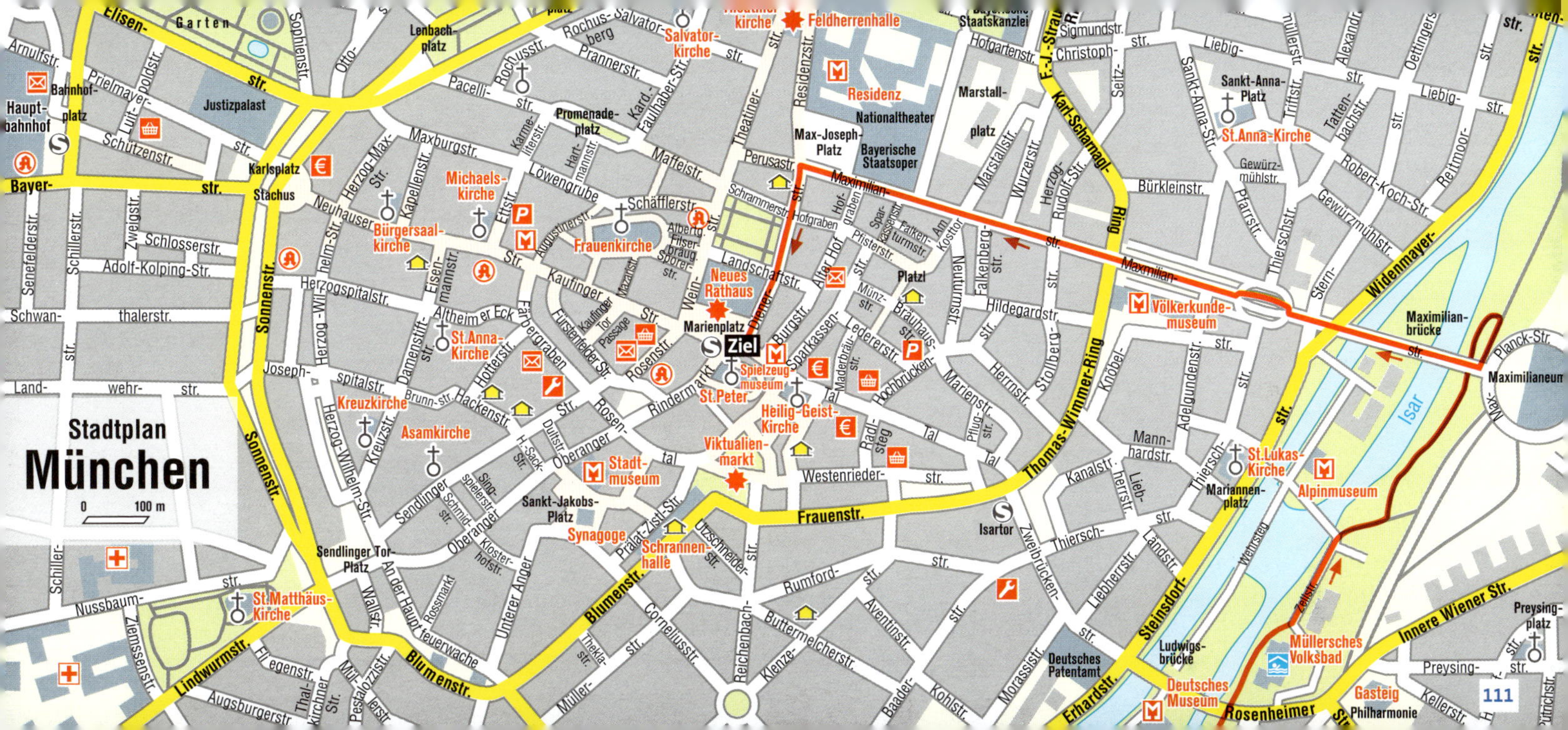
Stadtplan
München
0 100 m
Ziel
Marienplatz
Neues Rathaus
Frauenkirche
St.Peter
Spielzeug-museum
Heilig-Geist-Kirche
Viktualien-markt
Stadt-museum
Asamkirche
Synagoge
Schrannen-halle
Sankt-Jakobs-Platz
Michaels-kirche
Bürgersaal-kirche
St.Anna-Kirche
Kreuzkirche
St.Matthäus-Kirche
Feldherrenhalle
Salvator-kirche
Theatiner-kirche
Residenz
Nationaltheater
Max-Joseph-Platz
Bayerische Staatsoper
Bayerische Staatskanzlei
Marstall-platz
Völkerkunde-museum
St.Anna-Kirche
Sankt-Anna-Platz
St.Lukas-Kirche
Mariannen-platz
Alpinmuseum
Maximilianeum
Maximilian-brücke
Isar
Müllersches Volksbad
Deutsches Museum
Deutsches Patentamt
Ludwigs-brücke
Gasteig
Philharmonie
Isartor
Sendlinger Tor-Platz
Karlsplatz
Stachus
Hauptbahnhof
Bahnhof-platz
Justizpalast
Lenbach-platz
Promenade-platz
Alter Hof
Platzl
Maximilianstr.
Frauenstr.
Thomas-Wimmer-Ring
Karl-Scharnagl-Ring
Sonnenstr.
Blumenstr.
Bayerstr.
Elisenstr.
Neuhauser Str.
Kaufinger Str.
Rosenstr.
Tal
Rumfordstr.
Widenmayerstr.
Steinsdorfstr.
Erhardtstr.
Rosenheimer Str.
Innere Wiener Str.
Lindwurmstr.
Sonnenstr.
Residenzstr.
Theatinerstr.
Dienerstr.
Burgstr.
Sparkassenstr.
Westenrieder-str.
Oberanger
Rindermarkt
Sendlinger Str.
Herzog-Wilhelm-Str.
Schwanthalerstr.
Landwehrstr.
Nussbaumstr.
Reichenbachstr.
Buttermelcherstr.
Zweibrückenstr.
Thierschstr.
Preysing-platz

Tour 13

Olching – Dachau – Fahrenzhausen – Eching
Auf dem Ammer-Amper-Radweg durch das Tal der Amper

38 km   2:45 Std.   44 hm   82 hm

GPS-Koordinaten / Start
UTM   x: 673.460 m
Zone 32   y: 5.342.260 m

Startort:	Olching
Start:	S-Bahnhof Olching, S3 (503 m)
Ziel:	Eching, S-Bahnhof Eching, S1 (465 m)
Charakter:	Eine Radtour, die uns entlang der Amper auf Wegen mit losem Untergrund und Straßen führt. Nach Hörenzhausen müssen wir über einen kleinen Berg radeln
Verkehr:	Autoverkehr haben wir mit Ausnahme der Ortsgebiet von Olching, Dachau und Fahrenzhausen nicht zu erwarten

Tipp: Wer von Ampermoching aus einen kleinen Abstecher hinauf nach Mariabrunn macht, hat vom Höhenrücken eine schöne Aussicht ins Tal der Amper – und kann zur Belohnung in einen herrlichen Biergarten einkehren.

Ausflugsziele / Sehenswürdigkeiten & Einkehrtipps siehe S. 119

Tour 13

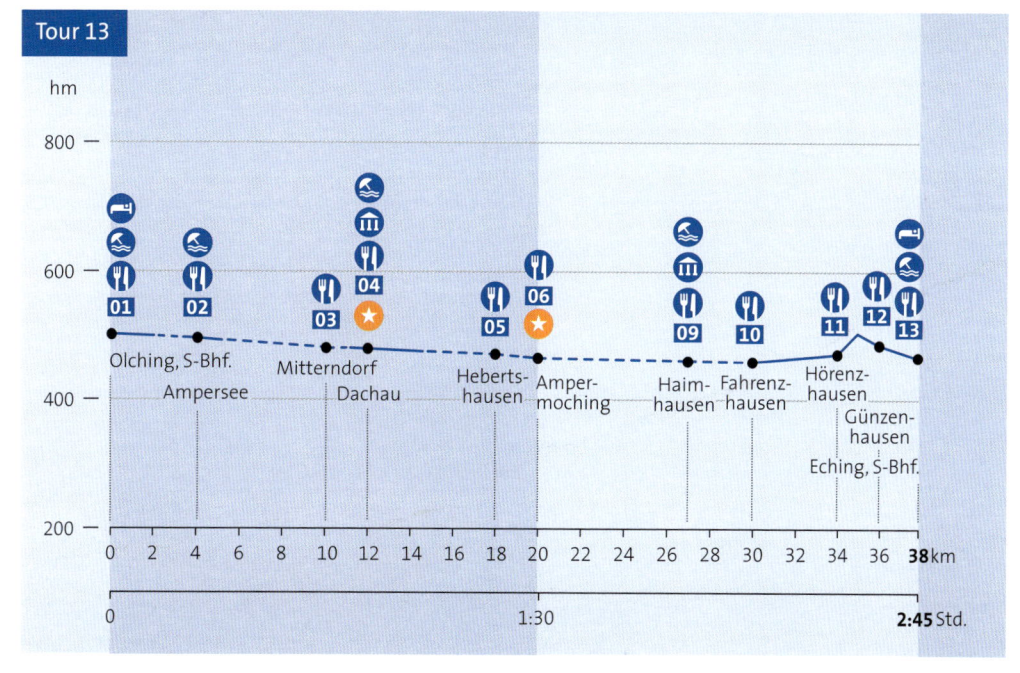

hm

Station	km
01 Olching, S-Bhf.	0
02 Ampersee	4
03 Mitterndorf	10
04 Dachau	12
05 Heberts-hausen	18
06 Amper-moching	20
09 Haim-hausen	27
10 Fahrenz-hausen	30
11 Hörenz-hausen	34
12 Günzen-hausen	36
13 Eching, S-Bhf.	38

0 — 1:30 — 2:45 Std.

Olching – Ampermoching / 20 km / 1:30 Std.

Start Wir radeln am **S-Bahnhof Olching** 01 die „Bahnhofstraße" rechts hinunter zur „Hauptstraße". Rechts durch die Bahnbrücke

Olching: Am Mühlbach.

Tour 13 > Olching – Dachau – Fahrenzhausen – Eching

kommen wir zur „Feurstraße" und folgen ihr, bis links die „Donaustraße" abzweigt. Auf ihr radeln wir aus Olching hinaus, an den Mühlbach und dann an der Amper entlang nach **Geiselbullach.** Wir stoßen auf die „Schulstraße" und folgen dieser nach rechts bis zum Kreisel. Links radeln wir über die Autobahn zum „J.-Kistler-Weg" Richtung

Schloss in Olching-Geiselbullach.

Tour 13 > Olching – Dachau – Fahrenzhausen – Eching

Ampersee 02 🍴 ⛱. An der „Wehrstraße" vor der **Kläranlage** biegen wir rechts ab und fahren auf die Amper zu. Die Straße nach Feldgeding unterfahren wir und radeln geradeaus unter der Bundesstraßenbrücke hindurch, nun rechts entlang der Bundesstraße und folgen dem Weg links um das Wäldchen herum zur „Eschenrieder Straße". Rechts sehen wir Häuser an der Straße „Am Kalterbach", fahren in die Straße hinein und radeln nach etwa 400 m links, jetzt an der Amper entlang zur Brücke nach **Mitterndorf** 03 🍴. Wir überqueren die Amper und fahren nach der Brücke rechts entlang der Amper über die „Ludwig-Dill-Straße" und auf den „Georg-Andorfer-Weg" in **Dachau**. Am **Kraftwerk** biegen wir rechts ab über die Brücke zur „Brunngartenstraße". Am Ende der Straße fahren wir rechts über die Amperbrücke, biegen gleich links auf den Uferweg ein und gelangen in die ⭐ **Altstadt von Dachau** 04 🍴 🏛 ⛱. An der „Martin-Huber-Straße" müssen wir rechts einbiegen und radeln gleich nach

115

Tour 13 > Olching – Dachau – Fahrenzhausen – Eching

links in den „Amperweg", am Ufer entlang, am **Golfplatz** vorbei, in das Gewerbeanwesen. Wir fahren geradeaus auf der Straße „An der Floß-lände" zur Staatsstraße an der Amper. Gegenüber geht es weiter am Ufer entlang zum **Sportzentrum Hebertshausen 05 🍴**. Wir bleiben auf diesem Weg und erreichen die Straßenbrücke bei **Ampermoching 06 🍴**. Wir fahren nach Ampermoching und biegen an der „Gießlstraße" rechts ein und fahren dann links durch die Sportanlage zur „Alternstraße" am Ortsende.

Ampermoching – Eching / 18 km / 1:15 Std.

Wer zum Biergarten 🔆 **Mariabrunn 07 🍴** möchte, biegt hier links ab, kreuzt die Staatsstraße und radelt dann rechts hinauf auf den Bergrücken.

Zur Weiterfahrt biegen wir rechts ab und folgen dem Ammer-Amper-Radweg zu den Amperauen. Wir gelangen an den **Badesee 08 🌊**, radeln links,

Haimhausen
09
Lotzbach
Sulzrain
508
528
07
Mariabrunn
498
08
Ampermoching
474
06
Purtlhof
Unterweilbach
491
Reipertshofen
Deutenhausen
Klarlweiher
463
Ottershausen
Fischteiche
Amper
498
Maisteig
482
481
511
Deutenhofen
470
469
Kalterbach
Lohhof
Hebertshausen
05
Walpertshofen
Unterschleißheimer See
468
471
470
UNTER-SCHLEISSHEIM
Prittlbach
493
470
Orgelmuseum
LOHHOF
E53
92
117
114
KZ-Friedhof
Eisingertshofen

dann rechts um den See und fahren am Solarkraftwerk vorbei zur Straße nach **Haimhausen** 09 🍴 🏛. An der Straße rechts, dann links über die Straße und weiter auf dem Ammer-Amper-Radweg nach **Fahrenzhausen** 10 🍴. Am Ortsrand stoßen wir auf die „Dorfstraße" und folgen ihr rechts zur „Hauptstraße". Hier rechts halten und auf dem Radweg entlang der Bundesstraße nach **Großnöbach** radeln. Wir fahren an der „Römerstraße" vorbei bis zur „Birkenstraße", biegen links ein und radeln gleich rechts in die „Buchenstraße" durch das Wäldchen nach **Hörenzhausen** 11 🍴. Im Ort biegen wir rechts ab in die Straße „Am Sandberg" und gelangen nach **Günzenhausen** 12 🍴. An der großen Kreuzung biegen wir erneut rechts ab in die „Bergstraße" und radeln auf dem Radweg parallel zur Kreisstraße Richtung Eching. An den Fischteichen halten wir uns rechts auf den Weg über die Autobahn nach **Eching** und radeln jetzt in der „Günzenhausener Straße" direkt auf den **S-Bahnhof Eching** 13 🍴 🚲 🚌 zu Ziel.

AUSFLUGSZIELE / SEHENSWÜRDIGKEITEN & EINKEHRTIPPS

● Das **Heilbad Mariabrunn** 07

Der malerische Ausflugsort Mariabrunn am Nordhang eines sanften Höhenzuges zwischen Ampermoching und Schönbrunn wird auf drei Seiten von Wald gesäumt. 1662 passiert für Mariabrunn eine folgenschwere Geschichte. Im Juli des Jahres arbeitet der Mochinger Bauer Stephan Schlairboeck im Wald beim heutigen Mariabrunn. Vom Durst geplagt, sucht er eine kleine Quelle auf und trinkt daraus. Bald darauf ist er von Leiden befreit, die ihn vorher jahrelang plagten. In großer Dankbarkeit bringt er bei der Quelle ein Marienbild an. Die wundersame Heilung spricht sich schnell in der ganzen Gegend herum, Mariabrunn entwickelt sich zu einem Wallfahrtsort. 1863 kam Mariabrunn zu hohem Ansehen und wurde Heilbad, als das Anwesen von der „Doktorbäuerin" Amalie Hohenester gekauft wurde. Ihre Diagnosen – woher auch immer sie diese nahm – verblüfften die Heilungssuchenden. Mit verschiedenen Teesorten, Kräutern, Bädern und kargem Essen erzielte sie erstaunliche Heilungen. In den damaligen Gästebüchern sind Adelige und viele reiche Leute aus ganz Europa verzeichnet.

Tourismusinformation siehe ab S. 137
Übernachtungsverzeichnis siehe ab S. 140

Die Kirche St. Vitus in Fahrenzhausen.

Schlosscafe in Dachau.

Tour 13 > Olching – Dachau – Fahrenzhausen – Eching

Tour 14 — Olching – Überacker – Puchschlagen – Olching
Rund ums Bergkirchener Moos

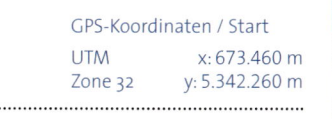

38 km   2:45 Std.   66 hm   66 hm

GPS-Koordinaten / Start

UTM   x: 673.460 m
Zone 32   y: 5.342.260 m

Startort:	Olching
Start/Ziel:	S-Bahnhof Olching, S3 (507 m)
Charakter:	Eine Radtour mit leichten Steigungen zwischen Überacker und Günding. Wir radeln auf asphaltierten Wegen und Straßen
Verkehr:	Im Ortsgebiet von Neu-Esting, Überacker, Ober- und Unterbachern und in Günding ist mit normalem Autoverkehr zu rechnen

Tipp: Im Fußbergmoos liegt, inmitten einer ursprünglichen Landschaft, die Moosalm. Radfahrer und Wanderer kehren hier gerne ein und genießen den sonnigen Biergarten. Wer Glück hat, sieht auch die Heckrinder – urige Kolosse, deren Hörner denen der Bisons ähneln.

Ausflugsziele / Sehenswürdigkeiten & Einkehrtipps siehe S. 127

Übersicht

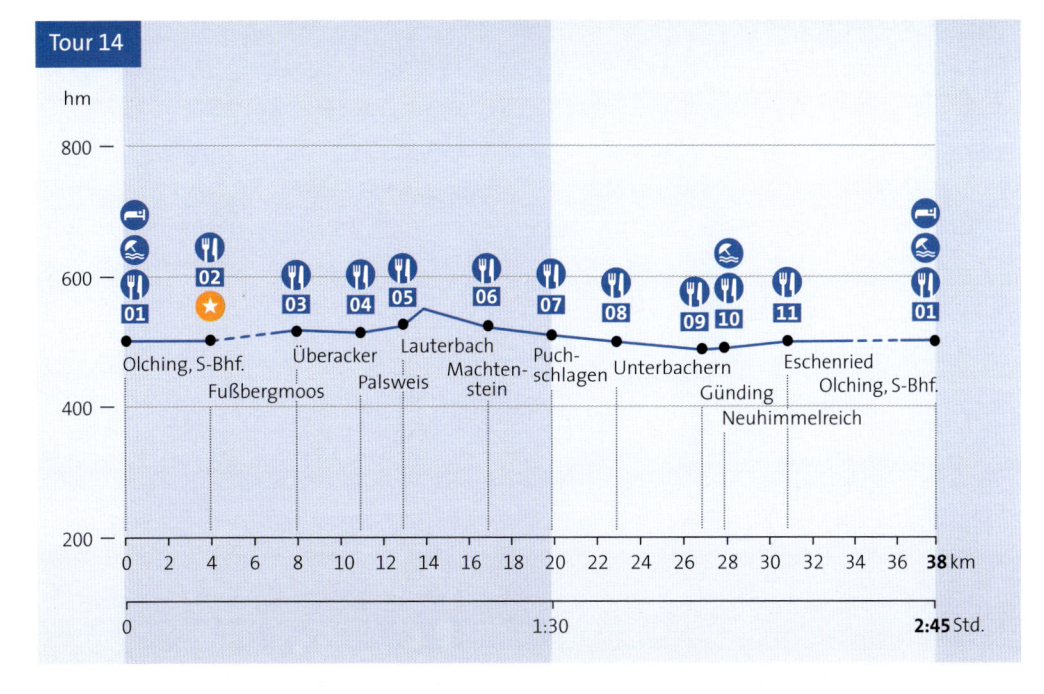

Olching – Puchschlagen / 20 km / 1:30 Std.

Start ▶ Vor dem **S-Bahnhof Olching** 01 fahren wir nach rechts die „Bahnhofstraße" entlang zur „Hauptstraße". Weiter geradeaus, der Bahnlinie folgend, radeln wir über den Mühlbach und auf der „Richard-Wagner-Straße" zur Neu-Estinger Straße" und halblinks über die Amper. Hier biegen wir rechts ab, fahren unter der Bahnbrücke hindurch und gleich wieder links in den „Amperweg" nach **Neu-Esting**. An der „Dachauer Straße" kurz links, dann rechts in die „Palsweiser Straße", radeln wir über die Bundesstraße und biegen an der „Neusiedler Straße" links ein. Am Wäldchen fahren wir rechts in die „Moosalmstraße", kommen an ⭐ **Fußbergmoos** 02 vorbei, biegen 400 m hinter Fußbergmoos links ab und erreichen bald **Überacker** 03. Auf der „Moosstraße" gelangen wir in den Ort und radeln auf die Sportplätze zu. Die **Kapelle St. Wolfgang** sehen wir links an den Bäumen. Wir biegen hier

Tour 14 > Olching – Überacker – Puchschlagen – Olching

Kapelle St. Wolfgang in Überacker.

122

Überacker
03
St. Wolfgang
Fußbergmoos
02
Gernlinden-Ost
Bergkirchen
Lus
Dachau/
Fürstenfeldbruck
78
Geiselbullach
Sisi-Straße
471
Ampersee
Amper
126
Neuhimmelreich
10
Maisach
514
Neu-Esting
Eschenried
11
Start/Ziel
Olchinger See
12
Dreieck München-Eschenried
79
Gernlinden
511
Speedway-bahn
Olching
01
503
Gröbenzeller See
Esting
506
Stadtplan S. 127
99
E52
Birkenhof
Birkenried
Lußsee
123
Langwiede
Gröbenzell
508
510
513

Tour 14
Schwabhausen b. Dachau
Oberroth
Lindach
Kappelhof
Altstetten
Viehhausen
Oberweilbach
124
Rumeltshausen
Rothhof
Assenhausen
Stetten
Pellheim
Machtenstein
06
Puchschlagen
07
Oberbachern
Unterbachern
08
PULLHAUSEN
Lohfeld
Ried
Grub
Rennhof
Lauterbach
05
Kreuzholzhausen
Hopfenau
Priel
122
126
Breitenau
Webling
Stadtplan S. 91
DACHAU

rechts ab und fahren auf der „Bergstraße" durch den Ort bis kurz vor den Ortsausgang nach Einsbach. In der Kurve halten wir uns geradeaus, folgen der „Bartholomäusstraße" und dann der „Fußberger Straße" über **Fußberg** und **Thal** nach **Palsweis** 04 🍴. Von der „Thaler Straße" in Palsweis biegen wir links zur „Lauterbacher Straße" ein und am Ortsende wieder links nach **Lauter-**

Die Kirche von Puchschlagen.

bach 05 🍴. In der Ortsmitte, an der „Prieler Straße", erst kurz links, dann kurz rechts gelangen wir in die „Forststraße". Auf ihr radeln wir zur „Weiherstraße", in die wir rechts einbiegen und ins Stuhlholz hinauf zum **Rennhof** gelangen. Hier macht der Weg eine scharfe Rechtskurve und führt uns zur Straße nach **Machtenstein** 06 🍴, in der wir links nach Machtenstein folgen. An der „Ortsstraße" schwenken wir rechts ein und folgen der Straße nach **Puchschlagen** 07 🍴.

Puchschlagen – Olching / 18 km / 1:15 Std.

In Puchschlagen an der „Hauptstraße" radeln wir rechts an der Kirche vorbei nach Oberbachern zur „Dorfstraße", zum **S-Bahnhof Bachern** und über die Gleise nach **Unterbachern** 08 🍴 hinein. Wir folgen der „Ludwig-Thoma-Straße" und biegen rechts ab über die Gleise nach **Günding** 09 🍴 hinunter. Im Ort fahren wir weiter bergab über die „Hauptstraße" in die „St.-Vitus-Straße" zur „Bruckerstraße". Wir kreuzen die Straße und radeln in der „Kanalstraße" hinunter zu den Brücken am Werkkanal und der Amper. Ab hier heißt die Straße „Eschenrieder Straße" und führt uns zum **Freibad in Neuhimmelreich** 10 🍴🏊. Wir radeln weiter in der „Eschenrieder Straße" über die Brücke der Bundesstraße nach **Eschenried** 11 🍴 zu den Golfplätzen. An der „Münchner Straße" fahren wir rechts an der Kirche vorbei bis zur Straße „Am Kurfürstenweg". Wir biegen wieder rechts ein zu den Häusern von **Haderecker**. Anschließend biegen wir links in den „Dietschweg" und radeln über die Autobahn in die „Gröbenzeller Straße" in **Olching**. Wir folgen ihr zunächst nach rechts und biegen gleich links ab in den „Hochholzweg". Auf ihm halten wir uns rechts, biegen dann scharf rechts ab und folgen dem Feldweg nach links zur „Reiterstraße" am **Olchinger See** 12 🏊. Wir halten uns geradeaus zur „Neufeldstraße" und fahren auf ihr bis zur „Max-Reger-Straße". Nun links bis an die Bahngleise, dann rechts in die „Daxerstraße" bis zur „Blumenstraße". Wir biegen links ein und erreichen unser Ziel, den **S-Bahnhof Olching** 01 🚻 ♨ 🚉 **Ziel**.

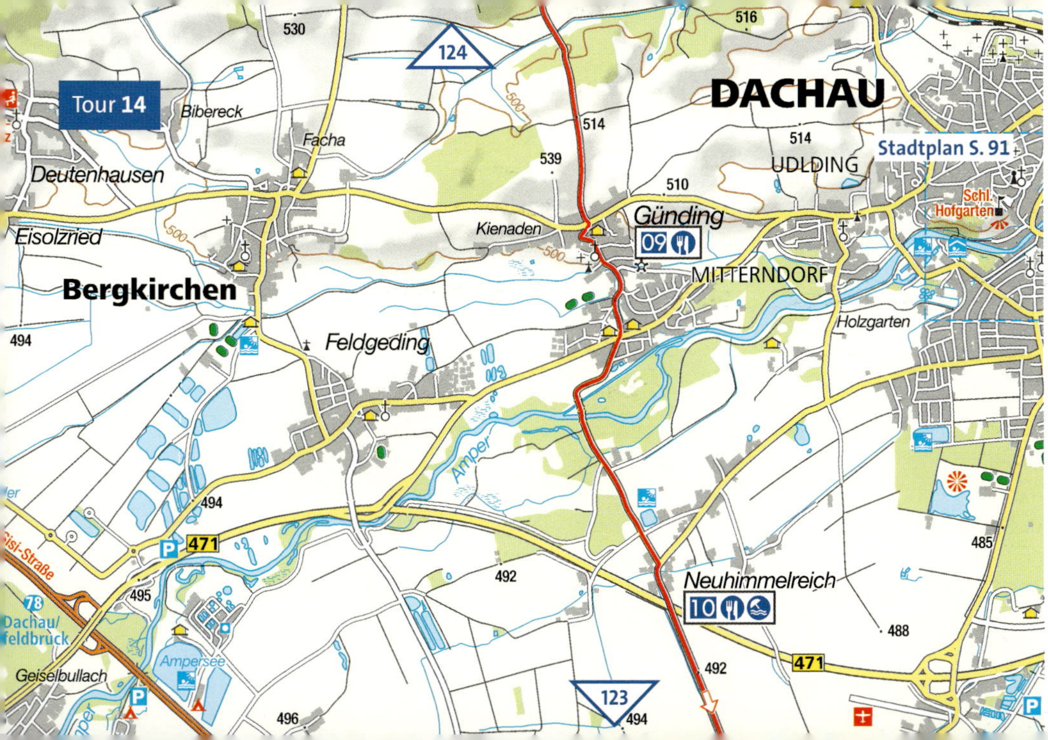

St. Peter und Paul in Olching.

AUSFLUGSZIELE / SEHENSWÜRDIGKEITEN & EINKEHRTIPPS

Olching 01

Die noch junge Stadt Olching entsteht 1978 durch die Zusammenlegung der Teilgemeinden Olching, Esting und Geiselbullach. Die einzelnen Gemeinden sind jedoch viel älter und bajuwarische Siedlungen, die nach der römischen Besatzung im 8. Jahrhundert gegründet wurden. Anfang des 19. Jahrhunderts war Olching noch ein stilles Dorf mit 50 Gehöften und 300 Einwohnern. Ab 1840 änderte sich dies mit der Eröffnung der Eisenbahnlinie von München nach Augsburg und dem Bahnhof in Olching. Esting profitierte von der Lage an der Straße nach München und an der Brücke über die Amper. Vom Kloster Ettal erhielt der Ort das Recht, einen Brückenzoll zu erheben, und wurde Sitz eines herzoglichen Amtmannes des Landgerichtes Dachau. Das Gut Graßlfing auf der Geiselbullacher Gemarkung war eine kurfürstliche Schwaige. Kurfürst Maximilian I. fasste die Gehöfte zu einem Gestüt zusammen, das zeitweise an die 300 Pferde besaß.

Tourismusinformation siehe ab S. 137
Übernachtungsverzeichnis siehe ab S. 140

Tour 14 > Olching – Überacker – Puchschlagen – Olching

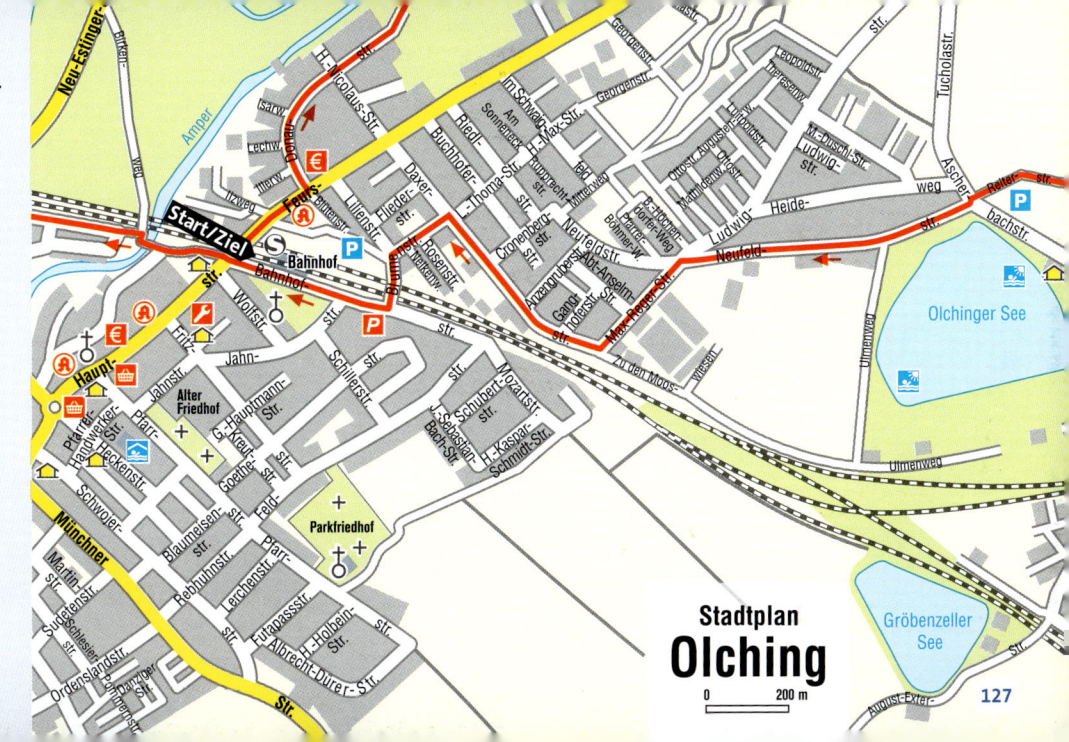

Stadtplan Olching

127

Tour 15 › Unterföhring – Speichersee – Unterföhring

Tour 15
Unterföhring – Speichersee – Unterföhring
An der Wiege der Bayerischen Landvermessung

39 km	2:45 Std.	31 hm	31 hm	

GPS-Koordinaten / Start
UTM   x: 696.650 m
Zone 32   y: 5.340.700 m

Startort: Unterföhring
Start/Ziel: S-Bahnhof Unterföhring, S8 (506 m)
Charakter: Entlang der Isar radeln wir auf losem Untergrund, sonst auf asphaltierten Wegen und Straßen – eine insgesamt flache Radtour
Verkehr: Im Ortsgebiet von Unterföhring und Johanneskirchen ist mit geringem Straßenverkehr zu rechnen, sonst ist die Tour so gut wie autofrei

Tipp: Am Reiterhof und am Golfplatz liegt das Gutsstüberl Eicherloh mit schönem Biergarten im Innenhof. Dorthin biegen wir vom Birkhahnweg links ab ins Vordere Finsingermoos.

Ausflugsziele / Sehenswürdigkeiten & Einkehrtipps siehe S. 134/135

Tour 15

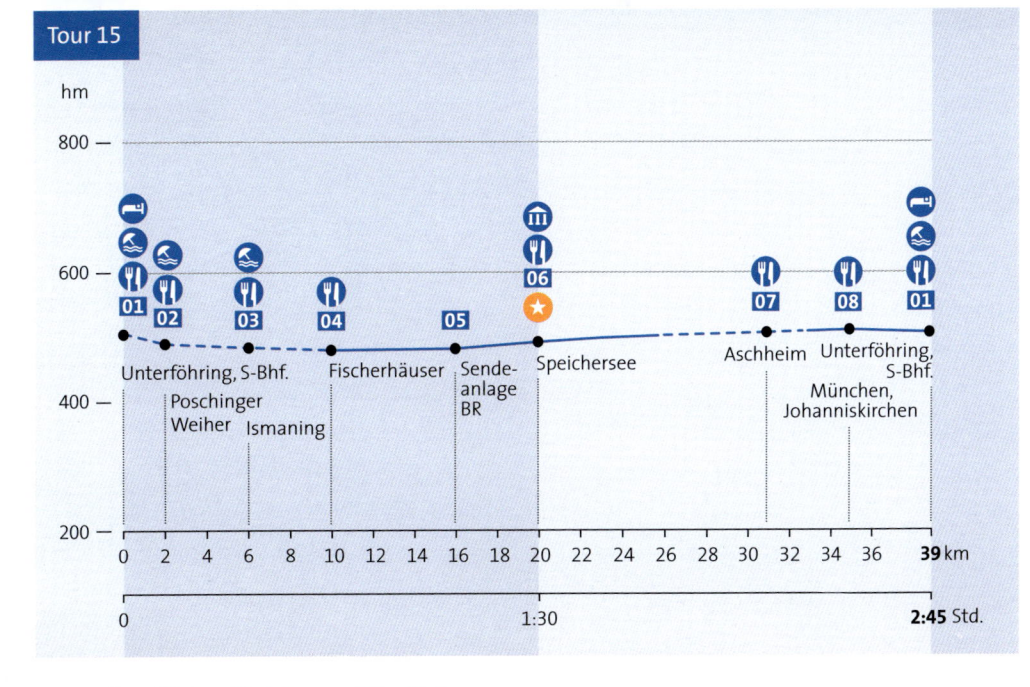

Unterföhring – Speichersee / 20 km / 1:30 Std.

Start ▶ Wir starten vor dem **S-Bahnhof Unterföhring** 01 🍴☕🚇 rechts in der Straße „Am Bahnhof". Am Kreisel biegen wir links ab und radeln in der „Bahnhofstraße" und am Rathaus vorbei zur „Münchner Straße". Wir kreuzen die Straße und fahren die „Kanalstraße", uns rechts haltend, zur Isar hinunter. Der Steg über den Isarkanal führt uns auf den Damm zwischen Isar und Isarkanal zum Radfernweg „Isar-Radweg". Die Isar abwärts, halten wir uns am Isarufer entlang, radeln am **Poschinger Weiher** 02 🍴☕ mit dem Freibad vorbei und erreichen **Ismaning** 03 🍴☕.

Wir fahren weiter unterhalb von Ismaning am Friedhof vorbei durch das Isartal, unter der B 471 hindurch bis auf die Höhe von Fischhäuser. Hier zweigt rechts das „Sulz-Geräumt" vom „Isar-Radweg" ab. Den Weg fahren wir hinauf an die „Frei-

129

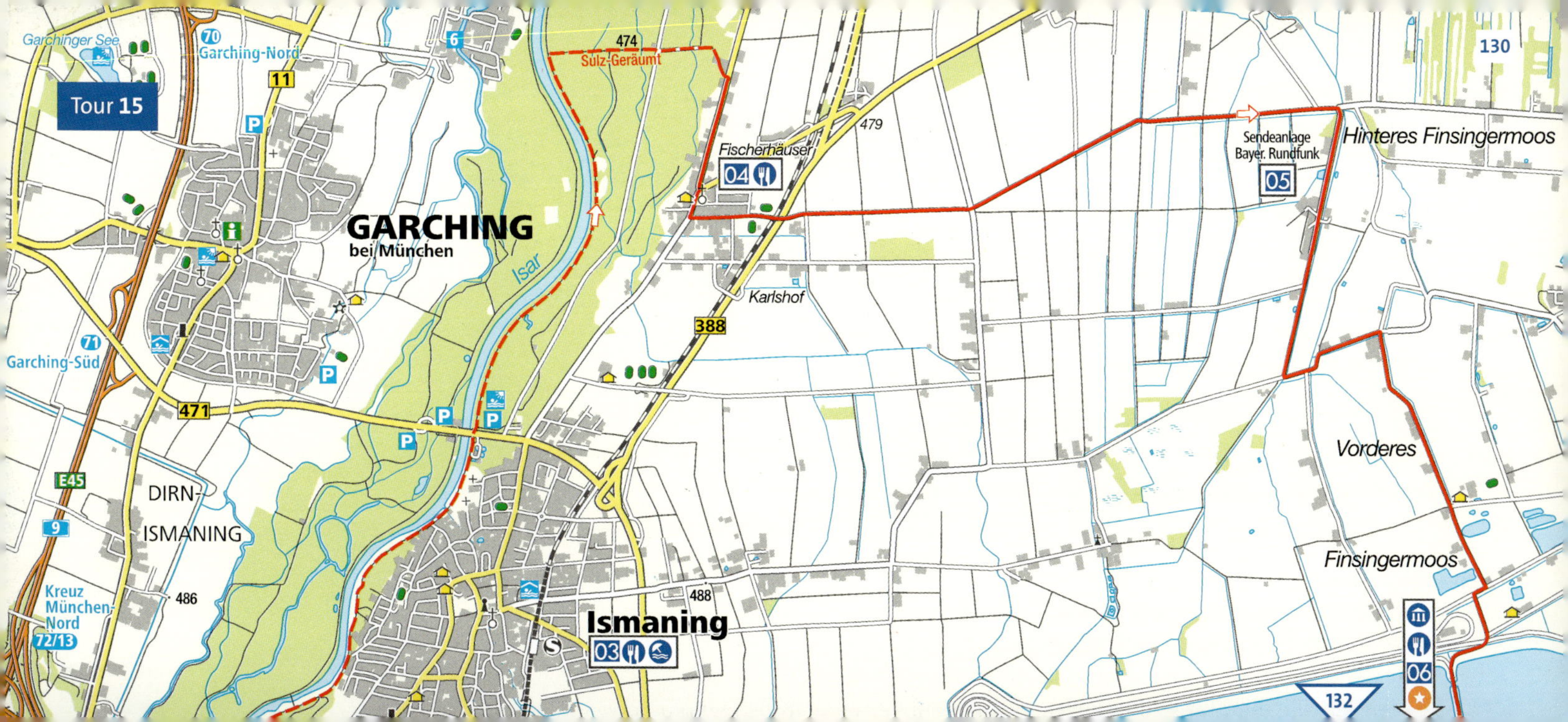
Tour 15
GARCHING
bei München
Ismaning
03
Fischerhäuser
04
Sendeanlage
Bayer. Rundfunk
05
06
132
Hinteres Finsingermoos
Vorderes
Finsingermoos
Karlshof
Sulz-Geräumt
Isar
DIRN-
ISMANING
Garchinger See
70
Garching-Nord
71
Garching-Süd
Kreuz
München-
Nord
72/13
474
479
486
488
11
388
471
E45
9
6

singer Straße" und radeln rechts an ihr entlang bis zur „Wiesstraße" nach **Fischerhäuser 04** hinein. Hier müssen wir die Straße überqueren und fahren dann auf der „Wiesstraße" zu den Sportplätzen und über die Brücke auf die Felder hinaus. An der „Moosstraße" (Wegekreuz) macht die „Wiesstraße" einen Knick nach links, dann nach rechts zur „Senderstraße". Vor der Goldach biegen wir rechts ab in die „Senderstraße" und kommen zur **Sendeanlage des Bayerischen Rundfunks 05**. Wir halten uns weiterhin geradeaus und radeln immer am Ufer der Goldach entlang. „An der Goldach" heißt die Straße, die uns in die „Bruckmairstraße" führt. In diese biegen wir links ein und folgen ihr in die „Großsenderstraße" zum „Birkhahnweg" ins **Vorderes Finsingermoos**. Dort folgen wir dem „Birkhahnweg" nach rechts und gelangen an die Straße „An der Dorfen" am Golfplatz. Nach rechts biegen wir ab, gleich danach wieder links in den „Almweg" und radeln über den **Speichersee 06**.

Die Staustufe am Speichersee.

Speichersee – Unterföhring / 19 km / 1:15 Std.

Am anderen Ufer schwenken wir rechts ab zur **Erlmühle** und fahren rechts um sie herum zu den Häusern an der Straße „Moos". Wir biegen ein und erreichen den Kanal **„Abfanggraben"**. Vor dem „Abfanggraben" nehmen wir den Weg

Tour 15 > Unterföhring – Speichersee – Unterföhring

rechts und fahren nun immer am „Abfanggraben" entlang, unter der Autobahnbrücke hindurch, bis zur B 471 in **Aschheim** `07` 🍴. Geradeaus über den Kreisverkehr hinweg geht es auf der „Fasanenallee" am **Golfplatz** entlang, bis rechts die Straße „Im Moosgrund" abzweigt. Wir folgen ihr bis zur „Apenrader Straße" und dann dieser nach links zur „Aaröstraße" in **München-Johanneskirchen** `08` 🍴. Wir radeln auf der „Aaröstraße" nach rechts und erreichen die Kirche an der „Gleißenbachstraße". Hier biegen wir ein, verlassen bald München und radeln geradeaus zu den Häusern am „Ismaninger Weg". Nach den Häusern biegen wir links ab in den „Etzweg", der uns unter der Straße hindurch zum Gewerbegebiet von **Unterföhring** bringt. Wir bleiben auf dem „Etzweg" und radeln am Rande des Gewerbegebietes entlang, bis links die „Medienallee" abzweigt. Wir folgen ihr bis zum Kreisel, biegen dort links ab und sind zurück am **S-Bahnhof Unterföhring** `01` 🍴 🚲 🚃 **Ziel**.

Der Isarkanal bei Unterföhring

131
Poschinger Weiher
02
Stadtplan S. 135
Sisi-Straße
Feringasee
Unterföhring
01
489
Aschheim/Ismaning
14
Landsham
Abfanggraben
Gerharding
507
Start/Ziel
Gewerbegebiet
471
508
09
Basispyramide
507
Kirchheim
bei München
Trainingsbahn
Hausen
Aschheim
07
Johanneskirchen
08
Kirchheim bei München
15
Grub
Heimstetten
E45
E52
Trainings-
bahn
Autokino
Sportpark
99
133
Römisches
Bad
Englschalking
500

AUSFLUGSZIELE / SEHENSWÜRDIGKEITEN & EINKEHRTIPPS

⭐ Speichersee 06 🍴 🏛

Bereits 1908 plante das Königreich Bayern, die Isar nördlich von München zur Wasserkrafterzeugung zu nutzen. Vollendet wurde der Speichersee 1929. Weil die Münchner Schotterebene keine Hohlform hergab, wurde das Becken durch Aufschüttung von Dämmen dem Gelände aufgesetzt. Am Oberföhringer Wehr wird seitdem das Isarwasser in einen Kanal ausgeleitet und auf einer Fließstrecke von 54 km die Höhendifferenz von 88 m zur Wasserkrafterzeugung genutzt. Der Speichersee wird vom Wasser aus dem Werkkanal (Mittlerer Isarkanal) durchströmt. Am Kraftwerk Finsing wird das Wasser aus dem Speichersee, dem Werkkanal und dem Abfanggraben den Turbinen zur Energieerzeugung zugeführt. Über fast 40 Jahre war der Speichersee zugleich die „biologische Klärstufe" für das Münchner Abwasser und steht auch heute noch mit den Abwasserfischteichen in Verbindung. Sie sind sicherlich der markanteste Teil der Anlage und erstrecken sich über eine Länge von 7 km südlich des Speichersees. Mit der Verbesserung der Reinigungsleistung im Klärwerk hat sich auch die Qualität des Wassers bedeutend verbessert – sehr zum Leidwesen der Ornithologen. Der Speichersee hatte sich wegen seiner Abgeschiedenheit und den guten Nahrungsgründe zu einem Feuchtgebiet von internationaler Bedeutung entwickelt (Vogelschutzgebiet und Europareservat). Hier finden sich Vögel aus ganz Europa im Sommer zur Mauser ein.

Basispyramide 09 🏛

Weniger bekannt ist wohl, dass in Unterföhring sozusagen die Bayerische Landvermessung begann. Nördlich der Abzweigung der Kreisstraße M 3 vom Föhringer Ring steht auf einem kleinen Hügel eine rimd 5 m hohe Steinpyramide, die Basispyramide. Etwa um 1550 beauftragte Herzog Albrecht V. den Landvermesser Phillip Apian, Bayern zu vermessen. Die 1568 erschienene Karte basierte auf einer Dreiecksvermessung und blieb bis ins 19. Jahrhundert das amtliche Kartenwerk. Napoleon I. wollte aber eine genauere Karte und beauftragte 1800 den bayerischen Kurfürsten Max IV. Joseph damit. Wegen der flachen Landschaft des Erdinger Mooses legte man eine sogenannte Basislinie von Unterföhring bis nach Aufhausen. Sie bestand aus waagrechten Meßlatten, die auf kleinen Stützen über Stock und Stein gingen.

Die Länge war genau 21 km 653 m und 21 cm. Nachmessungen mit modernen Geräten haben ergeben, dass die Messung damals nur rund 10 cm von der heutigen abwich.

Tourismusinformation siehe ab S. 137
Übernachtungsverzeichnis siehe ab S. 140

Vorderes Finsingermoos: Gutsstüberl

Die Basispyramide.

Tour 15 > Unterföhring – Speichersee – Unterföhring

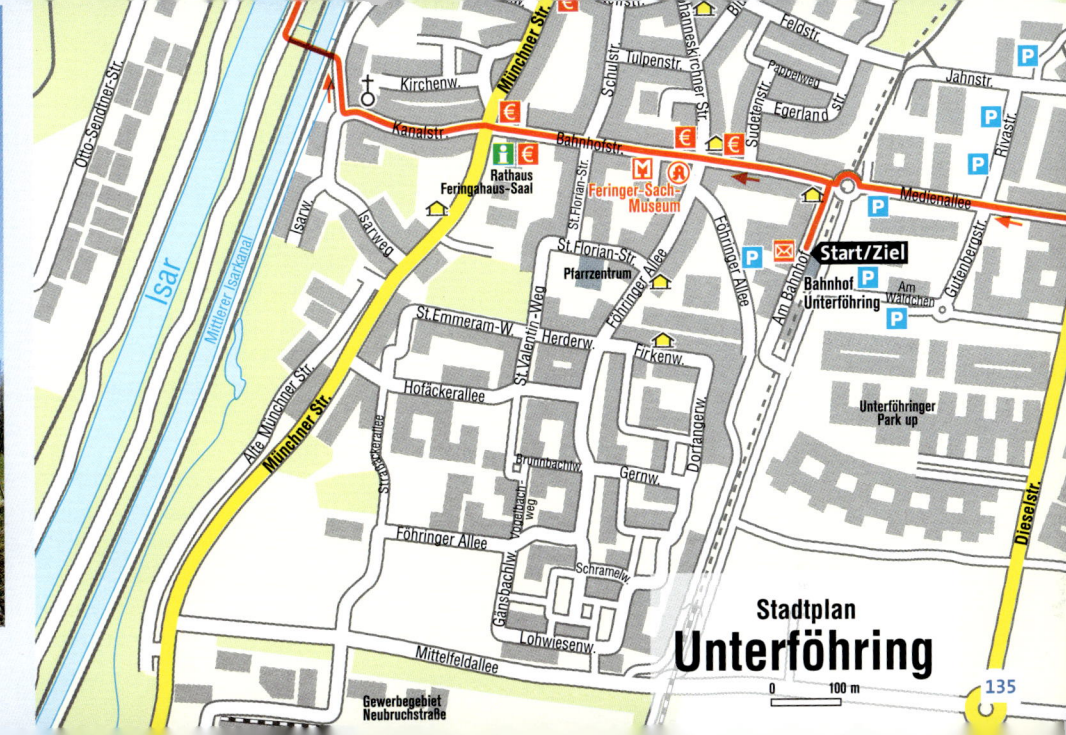

Stadtplan Unterföhring

135

Anhang

Reiseinformationen

FAHRRADMITNAHME IM MVV

Sie können Ihr Fahrrad in S- und U-Bahnen sowie in den freigegebenen Regionalzügen mitnehmen. In Straßenbahnen und Bussen ist die Mitnahme von Fahrrädern generell nicht möglich.

Tandems dürfen nur in der S-Bahn und in den freigegebenen Regionalzügen transportiert werden.

Es gelten folgende Sperrzeiten, in denen Fahrräder nicht mitgenommen werden dürfen: Mo–Fr 6–9 und 16–18 Uhr. Während der Schulferien gilt die Sperrzeit nur am Vormittag.

Fahrradmitnahme Erwachsene: Erwachsene benötigen zusätzlich zum persönlichen Ticket für die Mitnahme eines Fahrrades ein Fahrradticket.

Einzelfahrkarte je Zone: 2,50 EUR
Streifenkarte 1 Zone, Einzelfahrt: 2,40 EUR
Partner-Tageskarte bis zu 5 Personen und beliebig vielen Fahrten im Gesamtnetz: 20,00 EUR
Single-Tageskarte für beliebig viele Fahrten im Gesamtnetz: 11,00 EUR
Fahrrad-Tageskarte 2,50 EUR

Fahrradmitnahme U21-Angebot: Benutzer des U21-Angebotes (Jugendliche von 15–20 Jahre) benötigen zusätzlich zum persönlichen Ticket für die Mitnahme eines Fahrrades ein Fahrradticket.
Einzelfahrkarte 1 Zone: 1,20 EUR
Streifenkarte 1 Zone, Einzelfahrt: 1,20 EUR
Fahrrad-Tageskarte: 2,50 EUR

Fahrradmitnahme Kinder (bis 14 Jahre):
Kinder benötigen zusätzlich zum persönlichen Ticket für die Mitnahme eines Fahrrades ein Fahrradticket.

Einzelfahrkarte für das Gesamtnetz, Einzelfahrt: 1,20 EUR
Kinderstreifenkarte für Gesamtnetz, Einzelfahrt: 1,20 EUR
Kinder-Tageskarten für Gesamtnetz und beliebig vielen Fahrten: 2,70 EUR
Fahrrad-Tageskarte: 2,50 EUR
(Stand: Dezember 2011)

ZENTRALE INFORMATIONSSTELLEN

Aktuelle Informationen rund um den öffentlichen Personennahverkehr München erhalten Sie unter: www.mvv-muenchen.de

Informationen über Fahrpreise erhalten Sie außerdem an den Ticketautomaten auf den Bahnhöfen.

Orte/Tourismusbüros

ALTENERDING
Fremdenverkehrsverein Erding
Landshuter Str. 12
85435 Erding
Tel. 08122-558488
www.erding-tourist.de

AYING
Tourismusverband München-Oberbayern
Bodenseestr. 113
81243 München
Tel. 089-829218
www.oberbayern.de

DACHAU
Tourist Information
Konrad-Adenauer-Str. 1
85221 Dachau
Tel. 08131-75287 oder 75286
www.dachau.de

EBERSBERG
Landratsamt
Eichthalstr. 5
85560 Ebersberg
Tel. 08092-823114
www.tourismus-ebersberg.de

ECHING
Gemeindeamt
Untere Hauptstr. 3
85386 Eching
Tel. 089-3190000
www.eching.de

FREISING
Tourist Information
Marienplatz 7
85354 Freising
Tel. 08161-5444111
www.freising.de

FAHRENZHAUSEN
Gemeindeamt
Hauptstr. 21
85777 Fahrenzhausen
Tel. 08133-93020
www.fahrenzhausen

FÜRSTENFELDBRUCK
Tourismusbüro
Hauptstr. 31
82256 Fürstenfeldbruck
Tel. 08141-2813334
www.fuerstenfeldbruck.de

GLONN
Rathaus
Marktplatz 1, 85625 Glonn
Tel.08093-5263
www.markt-glonn.de

GRÄFELFING
Tourist-Information
Riesheimer Str. 14
82166 Gräfelfing
Tel. 089-588528
www.graefelfing.de

GRÜNWALD
Gemeindeamt
Rathausstr. 3, 82031 Grünwald
Tel. 089-641620
www.gemeinde-gruenwald.de

KIRCHSEEON
Rathaus
Rathausstr. 1
85614 Kirchseeon
Tel. 08091-5520
www.kirchseeon.de

MARKT SCHWABEN
Rathaus
Schloßplatz 2
85570 Markt Schwaben
Tel. 08121-4180
www.markt-schwaben.de

OBERSCHLEISSHEIM
Tourismusbüro
Wilhelmshof 4
85764 Oberschleißheim
Tel. 089-37558958
www.tourismus-schleißheim.de

OLCHING
Stadtverwaltung
Rebhuhnstr. 18
82140 Olching
Tel. 08142-2000
www.olching.de

OTTERFING
Gemeindeverwaltung
Münchner Straße 13
83624 Otterfing
Tel. 08024-90630
www.otterfing.de

SAUERLACH
Gemeindeverwaltung
Bahnhofstr. 1
82054 Sauerlach
Tel. 08104-66460
www.sauerlach.de

STARNBERG
Tourist-Information
Starnberger Fünf-Seen-Land
Wittelsbacherstr. 2c
82319 Starnberg

www.sta5.de

UNTERFÖHRING
Gemeindeverwaltung
Münchner Straße 70
85774 Unterföhring
Tel. 089-950810
www.unterfoehring.de

WESSLING
Gemeindeverwaltung
Gautinger Straße 17
82234 Weßling
Tel. 08153-4040
www.gemeinde-wessling.de

WOLFRATSHAUSEN
Tourist-Info im Rathaus
Bürgerbüro
Marienplatz 1
82415 Wolfratshausen
Tel. 08171-214-0
www.tourismus.
wolfratshausen.de

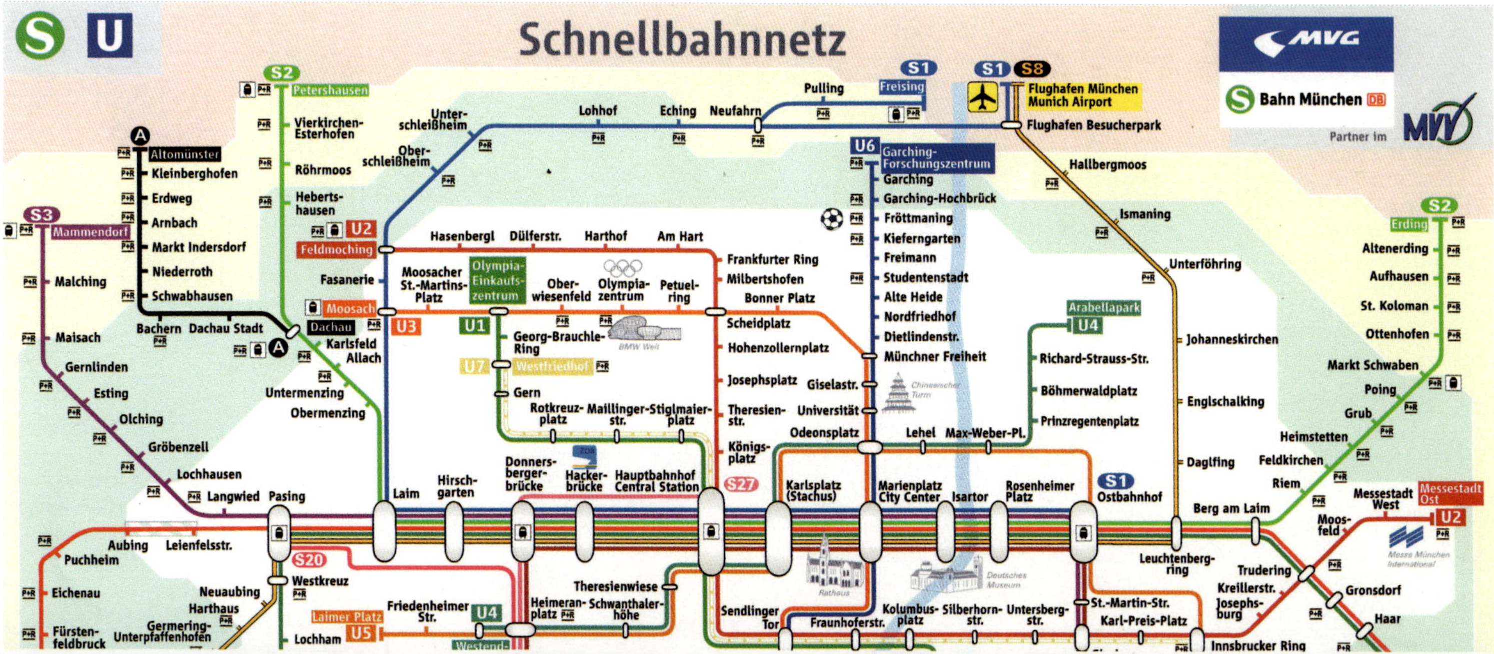
Schnellbahnnetz
S
U
MVG
S Bahn München DB
Partner im MVV
S1 S8 Flughafen München Munich Airport
Flughafen Besucherpark
S1 Freising
Pulling
Neufahrn
Eching
Lohhof
Unter-schleißheim
Ober-schleißheim
S2 Petershausen
Vierkirchen-Esterhofen
Röhrmoos
Heberts-hausen
A Altomünster
Kleinberghofen
Erdweg
Arnbach
Markt Indersdorf
Niederroth
Schwabhausen
Bachern
Dachau Stadt
Dachau
Karlsfeld
Allach
Untermenzing
Obermenzing
S3 Mammendorf
Malching
Maisach
Gernlinden
Esting
Olching
Gröbenzell
Lochhausen
Langwied
Pasing
Aubing
Leienfelsstr.
Puchheim
Eichenau
Fürsten-feldbruck
Germering-Unterpfaffenhofen
Harthaus
Neuaubing
Westkreuz
S20
Lochham
U5 Laimer Platz
Friedenheimer Str.
U4 Westend-
Heimeran-platz
Schwanthaler-höhe
Theresienwiese
U2 Feldmoching
Fasanerie
Moosach
Hasenbergl
Dülferstr.
Harthof
Am Hart
Moosacher St.-Martins-Platz
Olympia-Einkaufs-zentrum
Ober-wiesenfeld
Olympia-zentrum
Petuel-ring
U3
U1
Georg-Brauchle-Ring
BMW Welt
U7 Westfriedhof
Gern
Rotkreuz-platz
Maillinger-str.
Stiglmaier-platz
Laim
Hirsch-garten
Donners-berger-brücke
ZOB
Hacker-brücke
Hauptbahnhof Central Station
S27
Frankfurter Ring
Milbertshofen
Bonner Platz
Scheidplatz
Hohenzollernplatz
Josephsplatz
Theresien-str.
Königs-platz
Karlsplatz (Stachus)
Rathaus
Sendlinger Tor
Fraunhoferstr.
Kolumbus-platz
Silberhorn-str.
Untersberg-str.
Deutsches Museum
U6 Garching-Forschungszentrum
Garching
Garching-Hochbrück
Fröttmaning
Kieferngarten
Freimann
Studentenstadt
Alte Heide
Nordfriedhof
Dietlindenstr.
Münchner Freiheit
Giselastr.
Chinesischer Turm
Universität
Odeonsplatz
Marienplatz City Center
Isartor
Lehel
Max-Weber-Pl.
Rosenheimer Platz
S1 Ostbahnhof
U4 Arabellapark
Richard-Strauss-Str.
Böhmerwaldplatz
Prinzregentenplatz
Hallbergmoos
Ismaning
Unterföhring
Johanneskirchen
Englschalking
Daglfing
Berg am Laim
Leuchtenberg-ring
St.-Martin-Str.
Karl-Preis-Platz
Innsbrucker Ring
Trudering
Kreillerstr.
Josephs-burg
Gronsdorf
Haar
Moos-feld
Messestadt West
Messestadt Ost
U2
Messe München International
S2 Erding
Altenerding
Aufhausen
St. Koloman
Ottenhofen
Markt Schwaben
Poing
Grub
Heimstetten
Feldkirchen
Riem
P+R

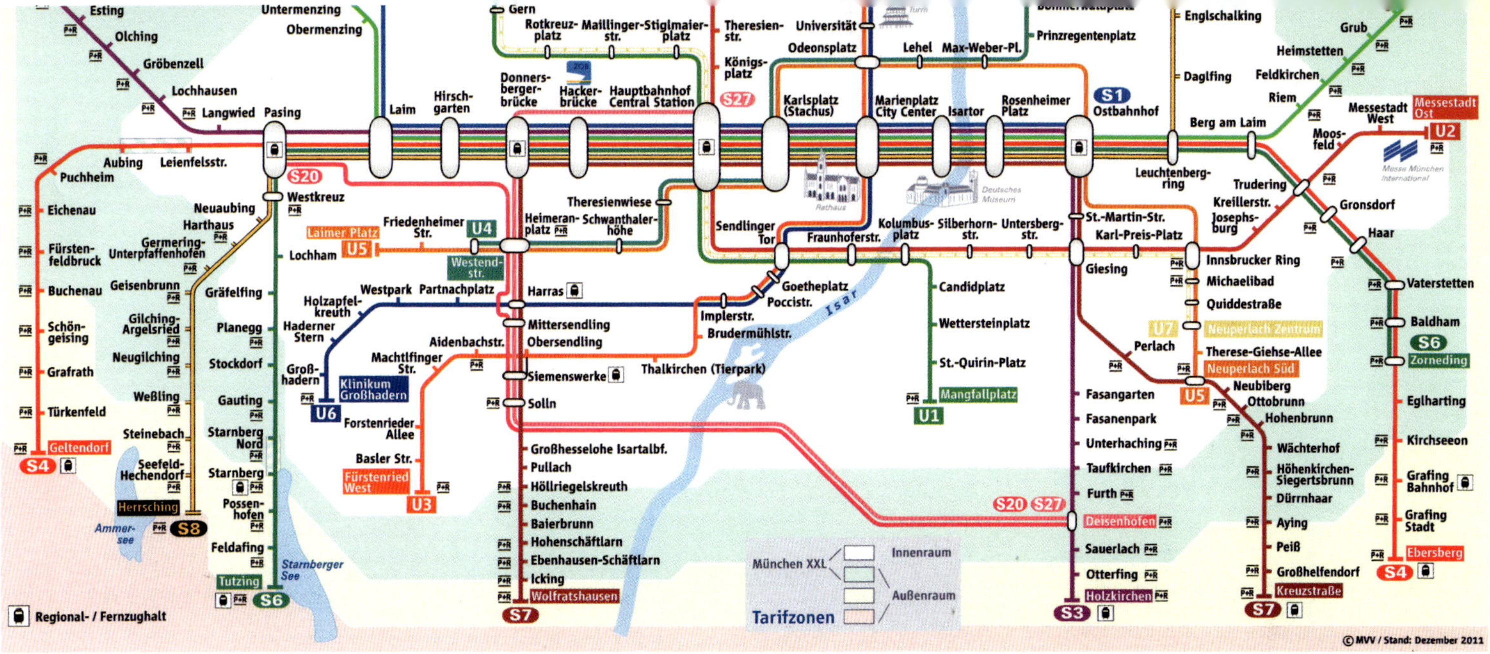
Esting
Olching
Gröbenzell
Lochhausen
Langwied
Pasing
Untermenzing
Obermenzing
Laim
Hirschgarten
Donnersbergerbrücke
Hackerbrücke
Hauptbahnhof Central Station
Gern
Rotkreuzplatz
Maillinger-str.
Stiglmaierplatz
Theresienstr.
Universität
Odeonsplatz
Königsplatz
Lehel
Max-Weber-Pl.
Prinzregentenplatz
Englschalking
Daglfing
Grub
Heimstetten
Feldkirchen
Riem
Messestadt West
Messestadt Ost
Moosfeld
Karlsplatz (Stachus)
Marienplatz City Center
Isartor
Rosenheimer Platz
Ostbahnhof
Berg am Laim
Leuchtenbergring
Trudering
Kreillerstr.
Josephsburg
Gronsdorf
Haar
Vaterstetten
Baldham
Zorneding
Eglharting
Kirchseeon
Grafing Bahnhof
Grafing Stadt
Ebersberg
Aubing
Leienfelsstr.
Puchheim
Eichenau
Fürstenfeldbruck
Buchenau
Schöngeising
Grafrath
Türkenfeld
Geltendorf
Westkreuz
Neuaubing
Harthaus
Germering-Unterpfaffenhofen
Geisenbrunn
Gilching-Argelsried
Neugilching
Weßling
Steinebach
Seefeld-Hechendorf
Herrsching
Ammersee
Lochham
Gräfelfing
Planegg
Stockdorf
Gauting
Starnberg Nord
Starnberg
Possenhofen
Feldafing
Tutzing
Starnberger See
Laimer Platz
Friedenheimer Str.
Westendstr.
Theresienwiese
Heimeranplatz
Schwanthalerhöhe
Sendlinger Tor
Fraunhoferstr.
Kolumbusplatz
Silberhornstr.
Untersbergstr.
St.-Martin-Str.
Karl-Preis-Platz
Giesing
Innsbrucker Ring
Michaelibad
Quiddestraße
Neuperlach Zentrum
Therese-Giehse-Allee
Neuperlach Süd
Perlach
Neubiberg
Ottobrunn
Hohenbrunn
Wächterhof
Höhenkirchen-Siegertsbrunn
Dürrnhaar
Aying
Peiß
Großhelfendorf
Kreuzstraße
Harras
Westpark
Partnachplatz
Holzapfelkreuth
Haderner Stern
Großhadern
Klinikum Großhadern
Mittersendling
Obersendling
Aidenbachstr.
Machtlfinger Str.
Siemenswerke
Solln
Forstenrieder Allee
Basler Str.
Fürstenried West
Implerstr.
Brudermühlstr.
Goetheplatz
Poccistr.
Thalkirchen (Tierpark)
Isar
Candidplatz
Wettersteinplatz
St.-Quirin-Platz
Mangfallplatz
Fasangarten
Fasanenpark
Unterhaching
Taufkirchen
Furth
Deisenhofen
Sauerlach
Otterfing
Holzkirchen
Großhesselohe Isartalbf.
Pullach
Höllriegelskreuth
Buchenhain
Baierbrunn
Hohenschäftlarn
Ebenhausen-Schäftlarn
Icking
Wolfratshausen
Rathaus
Deutsches Museum
Messe München International
S1
S2
S3
S4
S6
S7
S8
S20
S27
U1
U2
U3
U4
U5
U6
U7
München XXL
Innenraum
Außenraum
Tarifzonen
Regional- / Fernzughalt
© MVV / Stand: Dezember 2011

Übernachtungsverzeichnis

€ = unter 30 EUR, €€ = 30 bis 60 EUR, €€€ = über 60 EUR Preis pro Person in DZ, incl. Frühstück

DACHAU
PLZ: 85221, Tel. (0)8131
Hotel Golden Tulip Olymp (€€-€€€), Wielandstr.3,
Tel. 327100, www.goldentulipolymp.de
Hotel Garni Angermeier (€€), Goethestr. 1,
Tel. 3120717, www.hotel-angermeier-eching.de
Hotel und Gasthof Huberwirt (€€), Untere Hauptstr. 1,
Tel. 319050, www.huberwirt.de
Hotel-Pension Linner (€€), Melkstattstr. 17, Tel. 2049.0.
www.hotel-linner.de
Hotel Hockmayr (€€-€€€), Obere Hauptstr. 2a,
Tel. 3197420, www.hotel-hockmayr.de

ECHING
PLZ: 85386, Tel. (0)89
Hotel-Pension Linner (€€), Melkstattstr. 17, Tel. 2049.0.
Hotel Henry (€€-€€€), Dachauer Str.1, Tel. 999930,
www.hotel-henry.de
Hotel Nummerhof (€€), Waldstr. 2, Tel. 955970,
www.nummerhof.de
Hotel /Gaststätte zum Erdinger Weißbräu (€€), Lange
Zeile 1-3, Tel. 880010, www.hotel-erdinger-weissbraeu.de
Best Western Parkhotel (€€), Am Bahnhof 3,
Tel. 4990, www.parkhotel-erding.de

ERDING
PLZ: 85435, Tel. (0)8122
Hotel Götz (€€), Pollinstr. 6, Tel. 2106.1, www.hotelgoetz.de
Hotel Tafernwirtschaft Fischer (€€), Bahnhofstr. 4,
Tel. 612200, www.hotelfischer-dachau.de
Hotel Burgmeier (€€), Hermannstr. 9, Tel. 56610.
www.hotel-burgmeier.de
Internationales Jugendgästehaus (€), Roßwachtstr. 15,
Tel. 322950, www.dachau.jugendherberge.de

FELDMOCHING
PLZ: 80995, Tel. (0)89
Hotel Garni Die Glaskuppel (€€), Otto-Hahn-Str. 39,
Tel. 999513, www.dieglaskuppel.de

FREISING
PLZ: 85354, Tel. (0)8161
Hotel Lerner (€€), Vöttinger Str. 60, Tel. 91646.
www.hotel-lerner.de
Marriott Hotel (€€-€€€), Alois-Steinecker-Str. 20,
Tel. 9660. www.marriott.de
Hotel Bayerischer Hof (€€-€€€), Untere Hauptstr. 3,
Tel. 538300, www.bayerischer-hof-freising.de
Hotel zur Gred (€€), Bahnhofstr. 8, Tel. 309713,
www.hotel-zur-gred.de
Pension Pflügler (€€), Weihenstephaner Steig 1,
Tel. 538440, www.pension-pfluegler.de

FÜRSTENFELDBRUCK
PLZ: 82256, Tel. (0)8141
Romantik Hotel zur Post (€€-€€€), Hauptstr. 7,
Tel. 31420, www.hotelpost-ffb.de
Hotel Fürstenfelder (€€-€€€), Mühlanger 5,
Tel. 88875.0, www.fuerstenfelder.com
Hotel Hartmann (€€), Leonhardtplatz 1, Tel. 501463.0.
www.hotelamerampbruecke.de

HOHENBRUNN
PLZ: 85662, Tel. (0)8102
Apartmenthotel Scharmerhof (€€), Brennereistr. 47,
Tel. 77728502, www.scharmerhof-apartmenthotel.de

KIRCHSEEON
PLZ: 85614, Tel. (0)8091
Gasthaus zum Alten Markt (€€-€€€), Münchner Str. 6,
Tel. 9250

LOHHOF/UNTERSCHLEISSHEIM
PLZ: 85716, Tel. (0)89
Hotel Alarun (€€-€€€), Weihenstephaner Str. 2,
Tel. 3177.80, www.alarun.de
Victor's Residenz-Hotel (€€-€€€), Keplerstr. 14,
Tel. 3210389.9, www.victors.de
Brauerei Gasthaus Lohhof (€€), Südliche
Ingolstädterstr. 4, Tel. 3186734.5,
www.brauereigasthauslohhof.de

Hotel-Gasthof Hasenheide (€€), Hasenheide 1,
Tel. 919.59, www.gasthof-hasenheide.de
Hotel Pucher Hof (€€), Pucher Str. 13, Tel. 1216.5,
www.gdan.de
Landhotel - Gasthof Drexler (€€), Dorfstr. 4,
Tel. 88899.0, www.landhotel-drexler.de
Hotel „Zum Unterwirt" (€€), Klosteranger 7,
Tel. 3234920, www.hotel-zum-unterwirt.de

140

MARKT SCHWABEN PLZ: 85570, Tel. (0)8121
Gästehaus am Turm (€€), Gschmeidmachergasse 2-4, Tel. 45219, www.hotel-am-turm.com
Hotel Georgenhof (€€€), Bahnhofstr. 39, Tel. 9200, www.hotel-georgenhof-markt-schwaben.de

MÜNCHEN PLZ: 80331, Tel. (0)89
Hotel Am Markt (€€€), Heiliggeiststr. 6, Tel. 225014, www.hotel-am-markt.eu
Hotel Schlicker (€€€), Tal 8, Tel. 2428870, www.hotel-schlicker.de
Hotel Falkenturm (€€€), Falkenturmstr. 3, Tel. 23239590, www.hotel-falkenturm.de
Platzl Hotel (€€€), Sparkassenstr. 10, Tel. 23703800, www.platzl.de
Hotel Lux (€€€), Ledererstr. 13, Tel. 45207300, www.hotel-lux-muenchen.de
Hotel Blauer Bock (€€€), Sebastiansplatz 9, Tel. 231780, www.hotelblauerbock.de
Pension Lindner (€€), Dultstr. 1, Tel. 263413, www.pension-lindner.com
Pension am Jakobsplatz (€€), Dultstr. 1, Tel. 23231556, www.pension-jakobsplatz.de

NEUFAHRN PLZ: 85375, Tel. (0)8165
Hotel-Gasthof Maisberger (€€), Bahnhofstr. 54, Tel. 99900, www.hotel-maisberger.de

Hotel Best Western (€€-€€€), Dietersheimer Str. 58, Tel. 6400, www.hotel-neufahrn.bestwestern.de
Hotel „Krone" (€€), Echinger Str. 23, Tel. 4081, www.hotel-krone-neufahrn.de
Hotel Gumberger (€€-€€€), Echinger Str. 1, Tel. 9480, www.familie-gumberger.de
Huber's Privatzimmer (€€), Max-Anderl-Str. 84, Tel. 691164, www.hubers-privatzimmer.de

OBERSCHLEISSHEIM PLZ: 85764, Tel. (0)89
Hotel am Schloßpark „Zum Kurfürst" (€€-€€€), Kapellenweg 5, Tel. 315790, www.kurfuerst-hotel.de
Hotel Blauer Karpfen (€€), Dachauer Str. 1, Tel. 31571500, www.hotel-blauer-karpfen.de
Wirtshaus zum Kreuzhof (€), Kreuzstr. 1, Tel. 3105289, www.wirtshaus-zum-kreuzhof.de

OLCHING PLZ: 82140, Tel. (0)8142
Hotel Mühlbach (€€-€€€), Heinrich-Nicolaus-Str. 19, Tel. 2820, www.hotel-muehlbach.com
Hotel Schiller (€€€), Nöscherstr. 20, Tel. 4730, www.hotel-schiller.de
Hotel am Krone Park (€€-€€€), Kemeterstr. 55, Tel. 2920, www.hotel-kronepark.de

Campingplatz Sägmühle (€), Sägmühlstr. 25, Tel. 8503674, www.camping-olching.de

SAUERLACH PLZ: 82054, Tel. (0)8104
Hotel Neuwirt (€€), Bahnhofstr. 13, Tel. 66790, www.hotel-neuwirt.de
Hotel Landgasthof Schmuck (€€), Oberhamer Str. 3, Tel. 1777, www.gasthof-schmuck.de
Hotel Gasthof Sauerlacher Post (€€€), Tegernseer Landstr. 2, Tel. 830, www.hotel-sauerlacher-post.de

STARNBERG PLZ: 82319, Tel. (0)8151
Hotel Vier Jahreszeiten (€€€), Münchner Str. 17, Tel. 44870, www.vier-jahreszeiten-starnberg.de
Hotel Seehof (€€€), Bahnhofplatz 6, Tel. 908500, www.hotel-seehof-starnberg.de
Apart One Hotel (€€€), Vordermühlstr. 1a, Tel. 652220, www.apart-one.de
Hotel Fischerhaus (€€-€€€), Achheimerstr. 1, Tel. 90550, www.hotel-fischerhaus-starnberg.de
Hotel Forsthaus Mühlthal (€€€), Mühlthal 124, Tel. 36090, www.forsthausmuehlthal.de
Hotel Bayerischer Hof (€€-€€€), Bahnhofplatz 12, Tel. 2750, www.hbh-starnberg.de
Landgasthof zum Brückenwirt (€€), Berger Str. 7, Tel. 89883, www.brueckenwirt-percha.de

Gasthof Zur Sonne (€€), Hanfelder Str. 7, Tel. 2060, www.bayregio.de
Pension Sonnenblick (€€), Buchhofstr. 33, Tel. 274718, www.pension-sonnenblick.info

UNTERFÖHRING PLZ: 85774, Tel. (0)89
Hotel Der Lechnerhof (€€€), Eichenweg 4, Tel. 958280, www.hotel-lechnerhof.de
Comfort Hotel am Medienpark (€€-€€€), Bahnhofstraße 15, Tel. 9584650, www.comfort-hotel-am-medienpark.de
Hotel Gasthof zur Post (€€-€€€), Münchner Str. 79, Tel. 950980, www.gasthof-zur-post-ufg.de
Feringapark Hotel (€€€), Feringastr. 2, Tel. 957160, www.feringapark-hotels.com

WOLFRATSHAUSEN PLZ: 82515, Tel. (0)8171
Landhaus Cafe-Restaurant-Hotel (€€), Sauerlacher Straße 10, Tel. 216570, www.landhauscafe.com
Hotel Gasthof Humplbräu (€€), Obermarkt 2, Tel. 483290, www.humplbraeu.de
Hotel Thalhammer (€€), Sauerlacher Str. 47 d, Tel. 42190, www.hotel-thalhammer.de
Pension Rosengarten (€€), Badstr. 27, Tel. 76034, www.pensionrosengarten.de

Anhang

Anhang

Register

A
Alter Peter, München 109
Altes Rathaus, München 108
Altenburg 62
Altenerding 44
Ammer-Amper-Radweg 112
Aying 56, 62, 70

B
Bannwald 70
Basispyramide 134
Bauernhofmuseum Jexhof 55
Bergkirchener Moos 120
Bruck 50
Burg Elkofen 69

D
Dachau 9, 30, 90, 112
Dachauer Moos 12
Diözesanmuseum, Freising 20

Domberg, Freising 9, 20
Dürrnhaar 92

E
Ebersberg 69
Ebersberger Forst 36, 42
Eching 112
Egglburger See 64
Eglharting 56
Erding 49
Erdinger Moos 44
Erdinger Weißbräu 49

F
Fahrenzhausen 22, 112
Feldmoching 30
Flößerstadt 108
Floßfahrten 108
Flugwerft Schleißheim 35
Forsthaus Diana 36
Frauenkirche, München 108

Freising 9, 14, 20
Fürstenfeldbruck 9, 50, 55

G
Geräumte in den Forsten 42
Glonn 56, 62
Gräfelfing 78
Grasbrunn 92
Grünwald 98

H
Haimhausen 29
Heilbad Mariabrunn 119
Hofbräuhaus, München 109
Hofgarten, München 109
Hofoldinger Forst 70, 75
Hohenbrunn 92, 97
Höhenkirchener Forst 92

K
Kirchseeon 64
Kloster Fürstenfeld 55
Kohlemeiler 64
Kranzberg 14
Kranzberger Forst 21

L
Landesarboretum 21
Leonhardifest 97
Lohhof 22
Ludwigshöhe 69

M
Marienplatz, München 108
Markt Glonn 62
Markt Schwaben 36, 42
Maximilianeum, München 109
München 98, 106, 108
Altstadt, München 9, 108
Münchner Trinkwasserversorgung 77

N
Neues Rathaus, München 108
Neufahrn 14, 22

O
Oberneuching 44
Oberpframmern 62
Oberschleißheim 9, 30, 35
Olching 112, 120, 127

Olympia-Regattastrecke 35
Otterfing 70, 76

P
Poing 43
Puchschlagen 120
Pupplinger Au 108

R
Residenz, München 109

S
Sauerlach 70
Schloss Blutenburg, München 90
Schloss Nymphenburg, München 110
Schloss Schleißheim 35
Schlossgarten Dachau 91
Schotterebene 22
Siegertsbrunn 97
Speichersee 128, 134
Starnberg 78, 90
Starnberger See 9

T
Tal der Amper 22, 112
Tal der Sempt 44
Theatinerkirche, München 109
Therme Erding 49

Ü
Überacker 120
Umwelthaus Obergrashof 91
Unterelkofen 9, 64, 69
Unterföhring 128
Unterschleißheim-Lohhof 29

V
Viktualienmarkt, München 109

W
Weihenstephan 20
Weßling 50
Wiege der Bayerischen Landvermessung 128
Wildpark Poing 43
Wolfratshausen 9, 98, 100, 108
Würm 78

Go Vista Bike Guide
München und Umgebung

© 2014 Genehmigte Sonderausgabe für Vista Point Verlag GmbH,
Birkenstraße 10, D-14469 Potsdam
www.vistapoint.de
ISBN 978-3-86871-184-4

© 2014 Originalausgabe KOMPASS-Karten, A-6020 Innsbruck (12.01)
Verlagsnummer 6432, ISBN 978-3-85026-411-2

© Genehmigte Sonderausgabe für Tandem Verlag GmbH, Birkenstraße 10,
D-14469 Potsdam

Covergestaltung: Andrea Herfurth-Schindler, Sandra Penno-Vesper
Gesamtherstellung: Tandem Verlag GmbH, Potsdam

Text und Fotos (soweit nicht anders angegeben): Ralf Enke
Umschlagvorderseite: Apollotempel im Park von Schloss Nymphenburg
(Foto: iStockphoto/Rocky89); Fahrradlogo: iStockphoto/Bubaone
Umschlagrückseite: Fotolia/Yanlev

Alle Angaben und Routenbeschreibungen wurden nach bestem Wissen gemäß unserer derzeitigen Informationslage gemacht. Die Radtouren wurden sehr sorgfältig ausgewählt und beschrieben, Schwierigkeiten werden im Text kurz angegeben. Es können jedoch Änderungen an Wegen und im aktuellen Naturzustand eintreten. Radfahrer und alle Kartenbenutzer müssen darauf achten, dass aufgrund ständiger Veränderungen die Wegzustände bezüglich Befahrbarkeit sich nicht mit den Angaben in der Karte decken müssen. Bei der großen Fülle des bearbeiteten Materials sind daher vereinzelte Fehler und Unstimmigkeiten nicht vermeidbar. Die Verwendung dieses Führers erfolgt ausschließlich auf eigenes Risiko und auf eigene Gefahr, somit eigenverantwortlich. Eine Haftung für etwaige Unfälle oder Schäden jeder Art wird daher nicht übernommen.

Für Berichtigungen und Verbesserungsvorschläge ist die Redaktion stets dankbar.
Korrekturhinweise bitte an folgende Anschrift:

KOMPASS-Karten GmbH, Karl-Kapferer-Straße 5, A-6020 Innsbruck
Tel.: 0043/(0)512/2655610, Fax: 0043/(0)512/2655618
kompass@kompass.at, www.kompass.at

Reisenotizen